KB072504

컨버티드
마음을 훔치는 데이터분석의 기술

CONVERTED

Copyright © 2022 by Neil Hoyne

All rights reserved including the right of reproduction in whole or in part in any form.
This edition published by arrangement with Portfolio, an imprint of Penguin Publishing Group,
a division of Penguin Random House LLC.

This Korean translation published by arrangement with Neil Hoyne in care of
Penguin Random House LCC through Alex Lee Agency ALA.

이 책의 한국어판 저작권은 알렉스리에이전시ALA를 통해 Portfolio, Penguin Random House와
독점 계약한 (주)도서출판 길벗이 소유합니다.
저작권법에 의하여 한국 내에서 보호를 받는 저작물이므로 무단 전재 및 복제를 금합니다.

컨버티드
마음을 훔치는 데이터분석의 기술

실리콘밸리 최고 데이터분석 전략가가 밝히는
60억 고객을 사로잡는 법

닐 호인 지음 │ 이경식 옮김

더 퀘스트

추천사

기차역 앞, 목 좋은 자리에 번듯한 상점을 열었는데 아무도 눈길을 주지 않
는다면 주인 마음은 어떨까? 혹은 수많은 사람이 방문했는데 정작 아무것
도 사지 않는다면 얼마나 실망스러울까? 펜데믹을 지나고 메타버스 등 온
라인 세상이 확장하면서 소비자는 더 많은 선택권을 가지게 됐다. 이에 따
라 상점들의 경쟁도 치열해져 생존을 위해, 그리고 경쟁을 위해 상점 주인
들은 손님들이 남긴 데이터에 집중하기 시작했다.

이들에게 구글에서 10년 이상 데이터 전문가로 일해온 저자는 데이터 너머
에 단순히 물건·서비스를 사는 고객이 아닌 '사람'이 있음을, 그들은 거래
가 아닌 '관계'를 원하고 있다는 것을 알려준다. 고객에게 다가가고, 질문하
고, 알아가며 이뤄지는 대화와 관계들이 치밀하게 데이터로 검증될 수 있
다는 것이다. 이 과정을 통해 우리는 상대가 원하는 것이 무엇인지 그리고
인간이 어떤 특성이 있는지 이해하게 된다. 단순히 고객의 구매전환율을
높여 매출을 증가시키기보다 인간이라는 같은 종의 마음을 얻기 위해서 노
력하고 싶은 모든 사람에게 일독을 권한다.

— 송길영, 바이브컴퍼니 부사장·베스트셀러 《그냥 하지 말라》 저자

나는 이 책을 20년 동안 기다렸다! 데이터를 올바르게 사용해서 고객의 마음을 사로잡는 방법을 탐구하는 이 책은 마케터뿐만 아니라 비즈니스에 몸담은 모두의 필독서다.

— 마틴 린드스트롬Martin Lindstrom, 《스몰데이터》·《누가 내 지갑을 조종하는가》 저자

고객 관계를 구축하는 방법을 일러주는 소중한 지침서다. 이제 막 사업을 시작한 사람과 경험이 많은 기업가 모두에게 무엇이 최우선 순위가 되어야 하는지를 알려준다.

— 피터 페이더Peter Fader, 펜실베이니아대학교 와튼스쿨 마케팅 교수

온라인 공간에서 고객의 바람직한 행동을 유도하는 방법을 다룬 책들 가운데 가장 유용한 현장 지침서다.

— 제이 베어Jay Baer, 《유틸리티Youtility》 저자

지금은 고객을 모든 것의 중심에 둬야 하는 세상이다. 저자 닐 호인은 고객을 한층 잘 이해하고 고객 중심으로 기업 문화를 조성하며 직원들이 훌륭한 결정을 내릴 수 있도록 실제 사례와 구체적인 방법을 제시하고 있다.

— 에이미 존슨Aimee Johnson, 질로우그룹Zillow Group 최고마케팅책임자

막연하게 디지털 전환을 이야기하는 그저 그런 책이 아니다. 이 책은 어떻게 더 나은 마케팅 의사결정을 내릴 수 있는지 설명한다. 데이터 분야에 투자를 늘려서 수익을 확대하려는 사람이면 누구나 읽어야 할 책이다.

— 프랭크 세스페데스Frank Cespedes,

《효과적인 판매 관리Sales Management That Works》 저자

고객 데이터 활용에 대한 실용적인 조언 및 전망이 인상적으로 결합된 책을 원한다면 이 책을 읽어라.

— 마이클 클라크Michael Clarke, 쇼피파이Shopify의 제품관리책임자

나는 닐과 몇 년 동안 구글에서 일했다. 닐은 천재가 분명하다. 그는 내가 아는 가장 똑똑하면서도 사려 깊은 유일한 사람이다. 만약 딱 한 권의 비즈니스 책을 읽어야 한다면 바로 이 책이다!

— NDG, 아마존 독자

나는 이 책을 우리 팀 모두에게 선물했다. 세상의 모든 마케터, 광고 담당자, 데이터 담당자 그리고 영업 담당자까지 모두 읽어야 할 책이다. 데이터 관련 책을 처음 읽었는데 현실 웃음이 터졌다. 정말 말도 안 되게 쉽게 읽혔기 때문이다. 강력 추천한다.

— 사라 노먼Sarah Norman, 아마존 독자

지난 주말에 이 책을 다 읽었다. 수십 년 동안 고객 분석을 해왔는데 이 책에서 즉시 활용할 만한 실용적인 가이드를 찾을 수 있었다. 앞으로 새롭게 디지털 마케팅 전략을 수립하는 데 큰 도움이 될 것 같다. 정말 놀라운 책이다.

— 스콧 래드클리프Scott Radcliffe, 아마존 독자

일러두기

이 책은 저자의 의견 및 독립적인 연구 결과를 토대로 한 것이며 구글의 후원이나 추천과
는 아무런 상관이 없음을 밝혀둔다.

기억하라.

모니터 뒤에 사람이 있다.

한국의 독자분들께 인사 드립니다. 인간관계란 것은 정말이지 생각할수록 흥미롭습니다. 우리가 사는 세상에서 인간관계가 얼마나 중요한지, 그런데 기업의 세계에서는 이것이 얼마나 이해하기 어려웠는지를 생각하면 말입니다. 특히 팬데믹 기간에는 더 그랬던 것 같습니다. 고객을 한 사람의 인간이 아니라 단순하게 광고 클릭 수, 사이트 방문 횟수, 특이한 방문자 혹은 마일리지를 많이 쌓은 ID로만 인식하는 모습을 볼 때마다 솔직히 기분이 별로 좋지 않았습니다.

기업은 쌓여가는 데이터에 파묻혀 그들과의 관계를 소원하게 생각하지만, 오히려 고객은 이전보다 온라인에서 관계 맺기를 더욱더 원하고 있습니다. 이제 고객을 단순히 홈페이지의 방문객이 아니라 친구로 만들어야 할 때입니다. 그러기 위해서는 어떻게 해야 할까요? 바로 고객이 진짜 원하는 것에 관심을 가지고 지속해서 관계를 만들어나가야 합니다.

이 관계가 오래되고 진실할수록 마케팅의 힘은 더욱 강력해집니다. 데이터 분석은 이를 위한 든든한 재료일 뿐, 전부가 돼서는 안 됩니다.

이 책은 어떤 기업이든, 어떤 상품을 판매하든 고객 한 명 한 명이 얼마나 소중한 존재인지 새삼스럽게 깨닫게 해주는 현장 지침서입니다. 그리고 이 점이 다른 책들과 차별화되는 점입니다. 저는 이 책을 충실한 연구조사를 바탕으로 썼으며, 누구나 읽고 쉽게 활용할 수 있는 교과서처럼 만들고자 했습니다. 그래서 자신 있게 말씀드립니다. 이 책을 읽고 나면 어떻게 장기적인 인간관계를 토대로 사업을 전개할지, 어떻게 데이터로 최고의 고객을 발견할 수 있는지, 어떻게 지금과 같은 예외적인 시대에 고객의 니즈를 충족할 사업이나 회사를 만들 수 있는지 알게 될 겁니다.

다른 많은 사람이 그랬던 것처럼 한국의 독자 여러분도 이 책에 담긴 통찰로 성공을 거두시길 기원합니다.

Neil

데이터는 당신의 욕망을 알고 있다

디지털 마케팅의 핵심은 믿음을 유지하는 것이다. 예를 들어 당신의 제품 판매 사이트에 찾아와서 화면을 스크롤하는 사람들이 있다고 하자. 그들이 정말로 화면에 뜬 제품을 구매할 것이라고 믿는가? 그들이 처음에 했던 생각과 다르게 행동할 것 같은가? 그들이 250×250픽셀 박스에 담긴 당신의 브랜드를 좋아하게 만들 수 있다고 믿는가?

디지털 마케팅은 타이밍 그리고 말도 안 될 정도로 거대한 규모의 문제다. 또한 고객이 정가를 주고 살 마음이 있는데 굳이 15퍼센트 할인 쿠폰 코드를 찾지 않았으면 하는 판매자의 기대감 문제이기도 하다. 더불어 고객이 돈을 쓰게 하면서도 소망을 이루도록 돕는다는 약속이기도 하다.

디지털 분석은 이런 믿음이 헛된 게 아님을 증명하는 과학이다. 만일 유튜브에서 다른 언박싱 동영상을 보려다가 접하게 되는 6초짜리 프리롤Pre-roll 광고가 없다면 사람들의 온갖 복잡한 행동들과 지표들, 예컨대 그 광고의 노출 빈도, 클릭 횟수, 전환conversion(노출된 광고 콘텐츠를 통해 어떤 웹사이트의 판매 페이지를 방문한 사람이 실제로 상품을 구매하는 것. 전체 방문자 중 상품을 구매하는 사람의 비율을 전환율이라고 한다―옮긴이) 등도 알 수 없을 것이다.

디지털 세상은 완벽한 세상이 아니다. 거기에 실제로 존재하는 건 온갖 미심쩍은 데이터들뿐이다. 무려 90일이 필요하지만 12일 안에 끝내버리는 조잡하고 불완전한 실험들이나 동전 던지기처럼 불확실하다.

이 변화무쌍하고 믿을 수 없는 공간에서 나는 데이터 분석가이자 연구자, 발명가, 강연자, 프로그래머로 일하고 있다. 그리고 부끄럽지만 온라인 고객 경로glossy funnel('깔때기'란 뜻으로 온라인 마케팅 웹사이트를 방문하는 잠재 고객이 거치는 경로를 가리킨다―옮긴이)와 이를 시각화한 벤다이어그램의 창시자이기도 하다. 나는 자존심과 야망 그리고 사례가 훨씬 적긴 하지만 실용주의가 추진력으로 작용했던 수많은 성공과 실패를 가까이에서 목격하기도 하고 실제로 참여하기도 했다. 지금은

'데이터 기반'을 조금이라도 더 강화하려고 몸부림치는 세상에서 핵심적인 인물로 살아가고 있다.

구글에서 10년 넘게 일했던 덕분에 나는 전 세계의 대형 광고주들과 2,500건이 넘는 계약을 이끄는 영광을 누렸다. 수백만 명의 고객을 확보하고 전환율을 400퍼센트 이상 높였으며 20억 달러가 넘는 수익을 창출하는 사업을 감독했다(경제 전문가들이 그 수치를 어떻게 도출했는지는 모른다. 하지만 나는 마음에 들고, 앞으로도 그렇게 할 것이다. 물론 그 과정에서 내가 잘못한 것들도 있다). 그러나 다른 데이터 분석가들과 마찬가지로, 나 역시 그동안 했던 선택들을 되돌아보며 내가 했을 수도 있는 온갖 실패들을 돌아본다. 디지털 마케팅의 세상은 뒤죽박죽의 세상이고, 나는 그 세상의 한 부분이다. 나만 그런 게 아니라 우리가 다 그렇다.

정교하게 조정된 모델이 사실은 난수발생기random number generator(무작위성 기회보다 이론적으로 예측을 더 할 수 없도록 일련의 숫자나 상징을 생성하도록 설계된 프로그램—옮긴이)일지도 모른다고 생각하게 되는 순간들이 있다. 이런 순간들을 나는 너무나 많이 경험했다. 연구원들이 아웃라이어outlier, 즉 개별적으로 튀는 설문조사 결과들을 제품 관리자의 신념과 일치할 때까지 제거하는 것을 지금까지 수도 없이 목격했다.

내가 만난 기업 임원진 중에는 대학교 미식축구 경기의 명칭 사용권을 살 때 구매 금액에서 1달러 단위까지 철저하게 효과를 확신할 수 있어야만 최종 결정을 내리는 사람들도 있었다. 매출 관련 수치들로 판단하건대 그들이 판매하는 상품을 100달러 지폐로 포장해서 사람들에게 던져줬다면 더 나은 수익을 낼 수 있었다는 결론이 나와도, 그들은 이를 받아들이려 하지 않는다. 오히려 해당 데이터가 잘못되었을 것이라며 데이터 분석에 의문을 제기한다.

한번은 정말로 형편없는 컨설턴트 집단의 의뢰를 받아 협업을 진행했는데, 이들은 되지도 않는 헛소리를 그럴듯하게 포장하는 방식으로 매출을 추정했다. 내가 이렇게까지 말하는 건 그들이 낸 보고서 각주에 "나의 촉으로(전혀 근거 없이) 추정한 out of my ass 숫자들"이라는 표현이 있었기 때문이다. 그들은 자기가 제시한 수치들의 근거를 제시하지 않고 이런 엉터리 각주를 남겼지만 그것을 알아차리는 사람은 아무도 없었다. 심지어 이사회에서 그 보고서를 토대로 중요한 의사결정을 내리는 사람들조차도 이를 별로 신경 쓰지 않았다.

악의가 전혀 없는 임원들과 대학원생들은 성공적인 마케팅 조직을 어떻게 만들어야 하느냐고 내게 묻곤 했다. "실패를 여러 번 하는 것보다 성공을 한 번 더 하는 것이 좋을까요?""빨리 실패하기'와 같은 실리콘밸리의 진부한 공식을 수용하는 것이 비결일까요?"(더 빨리, 더 자주 실패하는 기업일수록 성공할 수 있다는 것이 실리콘밸리의 문화다—옮긴이) 나는 이런 의문들을 풀어줄 해답을 찾고 싶었고 이를 찾는 데 내 경력을 바쳤다.

구글의 파트너플렉스Partner Plex는 캘리포니아 마운틴뷰의 구글 본사에 있다. 이곳에는 1초에 4만 개의 검색 결과를 어렵지 않게 제공하는 뛰어난 데이터 분석 엔지니어들이 일한다. 이들이 코드를 만들어내고 온갖 시스템을 관리하며 어려운 수학 문제를 풀 때 우리 팀은 고객과 대화를 나누고 고객 대응 전략을 짠다. 우리는 스스로 음악을 작곡하는 인공지능 피아노와 최근에 가장 많이 검색하는 무지개 계단, 3D로 색칠할 수 있는 가상현실 장비를 동원해서 고객을 맞아들인다. 아마 소설《찰리와 초콜릿 공장》의 윌리 웡카조차도 우리 회사에 들어오는 황금 티켓을 갖고 싶을 것이다.

회사에는 회의실도 여러 개 있는데, 여기서 많은 게 결정되고 일의 매듭이 지어진다. 이 회의실들은 일반적인 회의실과 다르다. 그 이상이다. 앞으로 일어날 일들에 선제적으로 대처한다는 특별한 목적 아래 마련되었기 때문이다. 이곳에서는 전기와 무선통신, 설탕, 카페인 등이 무료로 제공된다. 작은 주방에는 '음료'나 '간식' 따위의 문구가 레이저로 새겨진 서랍들이 있다. 어두운 색깔의 강화목으로 만든 회의실 테이블들에는 '생각하라Think'라는 브랜드를 붙이면 안성맞춤일 것 같다. 바로 여기서 우리는 구글의 최대 고객들을 상대하며 그들의 제품과 버티컬vertical(특정 사용자의 취향에 맞는 다양한 제품과 서비스를 개발하고 마케팅하는 것―옮긴이)의 미래를 놓고 협력한다.

현재 나는 구글에서 최고 데이터분석 전략가Chief Measure-ment Strategist, CMS라는 직함을 가지고 있다. 그런데 데이터분석 전략가로서 일을 시작한 뒤로 늘 우리 팀이 작업한 결과를 가지고 임원들이 어떻게 결정을 내리는지, 회사가 다르면 같은 데이터를 보고도 왜 다른 행동을 선택하는지 무척 궁금했다. '왜 기업들은 같은 정보를 사용하면서도 전혀 다른 방식으로 경쟁에 대응할까?' 시간이 지나자 어떤 패턴 하나가 뚜렷하게 나타났다. 대부분 기업은 오직 단 하나의 순간과 단 하나의 문장 그리고 단 하나의 상호작용에만 집중했다. 바로 이것이었다.

"고객님, 우리가 제시하는 제안을 받아들여요!"

그 기업들은 데이터를 사용해서 끊임없이 실험했고 단어와 어조를 바꿔가며 상품과 색깔과 타깃 고객을 바꾸었다. 즉각적으로 돌아오는 '네, 귀사의 제안을 받아들이겠습니다!'라는 대답을 받기 위해서라면 무엇이든 다 했다. 그러나 그 모든 대응은 단기적인 것이었다.

이런 대응이 의미가 있긴 했다. CFO(최고재무책임자)는 확실한 결과를 원하고, 디지털 광고는 그 요구에 응답해 결과를 제공했다. 그들은 클릭을 행동으로 즉각 연결할 수 있었고 1달러를 마케팅에 지출하면 소비자는 10달러어치를 구매했다. 거기에 따라 전략들 및 주간 대시보드가 정해졌다. 그러나 이는 결국 CMO(최고마케팅책임자)들을 상자 안에 가두는 것이었다. 매출이 이뤄지는 단 하나의 순간만이 가장 중요했으며, 그 순간에 모든 지표가 측정되었다.

하지만 CMO에게도 이는 일리가 있었다. 그들은 덩치가 커질수록 더 많은 데이터를 모았으며 각각의 순간들을 한층 잘 활용할 수 있었다. 그러나 혁신가나 벤처투자자들이 자금을 대는 어떤 새로운 모델이든 그들은 대차대조표에 적자가 이어지는 똑같은 결과를 얻었다. 그러다 보면 결국 그들의 경쟁자는 멀리 앞서가고 있었다.

이런 기업들 가운데 몇몇은 이런 식으로 해서는 멀리 앞서가는 경쟁자를 따라잡을 수 없음을 깨닫고는 파트너플렉스를 찾았다. 그들에게는 새로운 경쟁 방법이 필요했고 우리는 그 방법을 찾도록 도왔다. 이들에게 우리는 즉각적이고 단기적인 최적화를 수행하지 않았다. 대신 데이터를 사용해서 최고의 고객이 누구이며 그들이 구매하려는 제품이 무엇인지 파악했다. 그리고 고객과의 장기적인 관계를 기반으로 사업을 진행하는 방식을 제안했다. 경쟁 업체들이 각자 수집한 데이터와 단기적인 사고로 쓰레기 더미를 여기저기 들쑤시든 말든 신경 쓰지 말라고도 했다. 결과는 어땠을까? 놀랍게도 이 접근법은 말이 안 될 정도로 잘 먹혔다.

앞으로 10년 동안은 단순히 클릭이나 전환과 관련된 문제만 해결해서는 마케팅에서 성공할 수 없을 것이다. 이제 마케팅의 성공과 실패를 가르는 것은 고객 그리고 고객 관계 강화로 이어지는 고객과의 대화가 될 것이다.

게임의 방식을 바꿔라!

어떤 디지털 마케터가 술집에 가서 처음 만나는 사람에게 자기와 결혼해달라고 말한다고 하자. 미친 짓이 아닐까? 그런데 바로 이런 행동을 실제로 기업들이 하고 있다.

이런 행동을 일삼는 한 기업의 마케팅팀에서 꽤 많은 사람에게 이처럼 결혼해달라고 하면(100명이나 1,000명에게 물어본다고 하자) 그중 '네'라고 대답하는 사람이 한 명쯤은 나온다. 그러면 그 마케팅팀은 자기들이 바라던 결과가 나온 한 번의 결과만 채택해서 고객과의 모든 상호작용에 일반화한다. 조건을 바꾼다고 해봐야 아주 조금밖에 바꾸지 않는다. 술집을 바꾼다거나, 결혼해달라는 말을 할 때 동원하는 단어 한두 개 정도만 바꾸는 식이다. 그리고 이 회사의 CEO는 이런 질문을 하며 고민한다. "어째서 더 많은 사람이 우리의 제안에 '네'라고 대답하지 않을까?"

왜냐하면 다른 기업들은 그 회사와는 다른 게임을 하기 때문이다. 그들은 처음 만났을 때 서로 인사를 나누고 대화를 시작한다. 이런저런 질문을 하기도 하고 실제로 대답을 들으며 서로의 관계와 상황이 발전하도록 유도한다. 그렇게 한 번에 한 단계씩 관계를 차근차근 쌓고는 나중에 이렇게 묻는다. "우리의 관계는 어디로 나아가고 있을까?" 그러면 데이터가 답을 친절하게 해준다. 그 대답을 토대로 다음 행동을 하는 것이다.

대화와 관계, 발전이라는 세 가지 주제를 중심으로 구성된 이 책이 당신에게 고객과의 관계라는 새로운 지형에 대한 현장 가이드가 되기를 기대한다. 이 주제들을 통해 랜선 뒤에 숨은 고객의 욕망을 훔쳐보고 이를 활용해 깊은 관계를 쌓아나가는 방법을 파헤칠 것이다. 즉 이 책은 한 번 후다닥 읽고서 책장에 꽂아두고 묵힐 책이 아니다. 이 책에서 말하는 내용에 흥미를 갖고 자주 들춰보고 동료들과 내용을 공유하길 바란다.

이 책이 너덜너덜해질 때까지 자주 읽으면 좋겠다(그리고 이 책을 한 권 더 산다면 더욱 좋겠다).

이 책에는 실용적인 조언이 가득 들어 있다. 하지만 그렇다고 해서 당신이 기술적인 세부 사항의 늪에 빠져 허우적거릴 일은 없을 것이다. 이 책을 읽어나가면서 그 안에 담긴 교훈을 보충해줄 웹사이트나 참여할 수 있는 실무자 커뮤니티 그리고 무거운 짐을 줄여주는 개발 도구함 등을 알려주는 표지판들을 곳곳에서 만날 테니까 말이다(그 웹사이트 주소는 http://convertedbook.com이다).

1부에서는 고객과 나누는 대화 및 상호작용의 중요성을 살펴본다. 고객과 대화를 나누는 방법과 고객에게 기대할 것과 기대하지 말아야 할 것들을 설명했다. 2부에서는 관계를 다룬다. 어떤 회사든 간에 아무짝에도 쓸모가 없는 고객 관계에 소비하는 시간과 돈을 절약하고 의미 있는 고객 관계를 쌓아나가는 것이 중요하다. 발전을 다루는 3부에서는 스스로 올바른 질문을 하기, 자기기만의 덫에 빠지지 않기를 다룬다. 그리고 이것들을 중심으로 자신의 내면을 바라보는 연습을 할 것이다. 자기기만이야말로 발전과 성공을 모조리 갉아 해치우는 최악의 덫이다.

이 모험의 주인공은 당신이다. 이 책에 소개된 아이디어들은 서로가 서로에게 토대가 된다. 따라서 처음에는 아무 아이디어에나 빠져들어서 시작할 수 있다. 그러나 각각의 아이디어는 독립적이기도 하다. 당신은 나름의 기회나 호기심, 환상과 관련 있는 주제에 더 많은 시간을 할애해서 이런 것들을 자신의 목적에 맞출 수도 있다.

이 책에 담긴 내용은 모두 실제 경험에서 영감을 얻은 것으로 하나의 기업이나 산업 분야에서 가져온 것이 아니다. 세부적인 상황보다는 경험에서 도출된 교훈이므로 당신의 목적이 상품을 파는 것이든 기부를 받는 것이든 간에 상관없이 유익할 것이다.

그렇지만 명심해야 할 점이 있다. 마케팅 세상에서는 물리적인 세상에서와 마찬가지로 확실한 것이 없다. 낮이 끝나면 언제나 밤이 시작되는 게 아니라는 말이다. 나는 당신이 가진 1만 달러의 돈으로 정확하게 얼마나 많은 것을 살 수 있을지는 모르지만, 데이터를 활용해 고객의 사랑을 획득하고 수학적 정확성으로 고객과 난공불락의 관계를 구축하는 방법을 알려줄 수 있다. 이는 쉽지 않은 과정을 통해 어렵게 얻은 것들이니만큼 얼마나 확실한지 의심하지 말고 나를 믿고 따르라. 반드시 성공하리라고 장담한다.

차례

Part 1 | **대화** Conversations
어떻게 인간의 욕망을 읽을 것인가

Part 3 | 발전 Self-Improvement
어떻게 더 뛰어난 성과를 낼 것인가

Part 1

대화

Conversations

어떻게
인간의 욕망을
읽을 것인가

Chapter 1

대화를 나눠라

어느 토요일 오후, 한 여자가 신발 가게에 들어와 굽이 높은 신발을 눈으로 살펴본다. 판매원이 손님에게 다가간다. 판매원으로서는 당연한 행동이다.

"어떤 신발을 찾으시나요?"

그러나 여자는 판매원의 말을 들은 체 만 체한다. 아까부터 관심을 보이며 살피던 하이힐을 신어보고 잠시 서성거리더니 이내 하이힐을 벗는다. 그러고는 아무 말도 하지 않고 가게에서 나가버린다.

여자는 신발 스타일이 마음에 들지 않았을 수도 있고, 가격이 터무니없이 비쌌을 수도 있다. 혹은 직접 신어봤을 때 착화감이 나빴을 수도 있다. 그러나 이유가 무엇이었든 간에 그 고객이 그 신발을 구매할 마음이 없었다고 할 수 있을까? 아니면 관심이 있었지만 어떤 이유가 있어 구매를 포기하고 나간 것일까?

그날 늦은 시각에 그 여자는 다시 가게를 찾아왔다. 그런데 아까와 똑같은 장면이 전개된다. 판매원의 접근과 인사와 잠깐의 관심이 이어진다. 그리고 여자는 신발을 사지 않고 나가버린다. 이런 일이 세 번, 네 번, 다섯 번이나 일어난다. 다음 날에도, 그다음 날에도 똑같은 일이 일어난다. 이 과정에서 판매원은 그 여자에게 접근하는 방식을 계속 조금씩 조정한다. 미소를 짓기도 하고 칭찬하는 말을 하기도 한다. 소리 내서 웃기도 해본다. 그 여자가 계속 만지작거리며 살피기만 하던 그 신발을 사게 할 수 있는 일이라면 뭐든지 다 한다.

마침내 그 일이 일어난다. 여자가 가게를 처음 방문한 지 거의 두 주나 지난 뒤다. 3인치 높이의 그 하이힐이 450달러에 팔렸다! 도대체 무엇이 달라졌기에 여자가 하이힐을 샀을까? 그리고 더 중요한 질문이 있다. 과연 그 가게는 앞으로도 계속 신발을 파는 데 필요한 교훈을 얻었을까?

사실 여자는 자기 집에서 바깥으로 나간 적이 없었다. 그 가게는 신발을 파는 온라인 판매 사이트였다. 여자는 그 사이트를 무려 262번이나 방문한 끝에 신발을 샀다. 그런데 그렇게 많이 방문했다는 사실을 아무도 알아차리지 못했다. 아무도 그녀가 신발을 사는 데 개입하지 않았으며 누구도 그 판매 경험에서 교훈을 얻지 못했다. 그 여자의 방문과 구매는 잠재적인 고객에서 실질적인 고객으로 '전환'한 수많은 사람(어머니, 남편, 평생 친구 그리고 고도로 숙련된 전문가 등)으로 가득 찬 스프레드시트 속에서 사라져버렸다.

그 가게는 여자가 사이트를 방문한 경험을 하나하나 모두 추적할 수 있었고 전혀 어려운 일이 아니었다. 그러나 가게는 늘 똑같은 경험으로 여자를 맞았다. 여자의 모든 방문을 관심으로 해석했지만, 문제는 여자가 방문할 때마다 온라인 광고비가 지출되었다는 점이었다. 그만큼 많은 투자가 이뤄졌다는 뜻이다. 물론 가게 입장에서는 그 신발을 팔긴 팔았고 그 신발의 마진율은 40퍼센트나 되었으나 여자가 클릭했던 유료 광고로 지출된 비용을 모두 따져보면 그 거래는 적자였다. 결국 고객의 마음을 움직여 거래를 성사시켰다고 해도 이득이 남지는 않았다. 그런데 가게 사람들은 이런 사실을 끝까지 알지 못했다.

솔직히 나를 포함해 디지털 마케터들은 대화를 나누는 것

여자의 하이힐 구매 여정

위 그림은 여자의 하이힐 구매 여정을 보여준다. 각각의 블록은 신발 가게의 마케팅 노력에 여자가 실질적으로 반응한 것을 나타낸다.

- Direct: 직접 방문.
- Organic Search: 자연적 검색. 광고료를 지불하지 않고 노출되는 검색 영역으로 주로 자동완성 검색이나 연관 검색어 등을 통해 이뤄진다.
- Paid Search: 유료 검색. 광고료가 지불되는 검색.
- Other Advertising: 다른 광고.
- Referral: 소개. 한 웹사이트에서 다른 웹사이트를 추천하는 것.

보다 자기의 입장을 일방적으로 밝히는 것을 더 잘한다. 자, 우리가 술집에 있다고 상상해보자. 우리는 낯선 사람인 당신에게 접근한다. 우리는 매우 강력한 CTA^{Call to Action}(실행 요청 버튼. 웹페이지이나 모바일 페이지에서 '문의하기', '회원 가입', '구매하기' 등 사용자의 특정 반응을 유도하는 배너나 버튼 등을 말한다—옮긴이)로 무장하고 있다. 그리고 우리는 판매를 반드시 성사시켜야 한다는 압박감에 쫓기고 있다.

"지금 당장 저와 결혼해주셔야 합니다. 전 이제 딱 하나밖에 남지 않았습니다!"

당신이 응답해주기만 한다면 신의 은총이 내릴 것이라는 말도 부끄러움 없이 한다. 어쩌면 우리는 앞으로 두 주 동안 당신을 좇아 다른 술집들을 전전할 수도 있다. 얼마든지 있을 수 있는 일이다.

잠시 과거로 돌아가보자. 구글을 통해 맨 처음 팔린 상품은 랍스터였다. 누군가가 캘리포니아에서 컴퓨터에 접속해 신선한 랍스터 광고를 클릭하고 약 1킬로그램이 나가는 랍스터를 샀다. 다음 날 그는 살아 있는 랍스터 한 마리를 집으로 배송받았는데 랍스터는 상자에 신선하게 잘 포장된 상태였다. 그러나 그는 주문한 시점에서부터 배송받기까지 24시간 동안 온갖 변수를 예상하며 지옥 같은 시간을 보내야 했다. 당시엔 주문과 배송, 그것으로 고객과의 상호작용은 끝이었다.

하지만 이제 그에겐 수십 개의 기기가 있으며 다음 구매에서 선택지도 넓혀 있다. 예를 들면 랍스터 가격 비교 사이트도 있고 할인 쿠폰들, 구매 리뷰들도 있다. 랍스터를 구매하려는 사람이 여러 가지로 도움을 받을 수 있는 인스타그램 게시물은 480만 개가 넘으며 심지어 어떤 랍스터는 어떤 소셜미디어에서 유명한 인플루언서가 되기도 했다. 이런 사실은 인플루언서 산업의 매력적인 측면을 보여준다.

오늘날에는 구매자(고객)와 판매자(기업) 사이의 대화가 예전처럼 단순하지 않고 온갖 뉘앙스 및 기회로 가득 차 있다. 그런데 많은 기업이 여전히 "지금 당장 저와 결혼해주셔야 합니다!" 같은 획일적인 대화로 결과를 도출하는 것이 장기적인 관점의 접근보다 더 중요하다고 여긴다. 과거의 유산에 사로잡혀 요즘 흐름인 고객과의 복잡한 대화들을 따라잡지 못하는 것이다.

이렇게 기존 방식을 꼭 고집해야 할까? 그렇지 않다. 우리는 일상생활에서 항상 대화를 나누는데 이것은 사람이 살아가고 일하는 방식이다. 우리의 조상은 모닥불을 가운데 두고 둘러앉아서 이해와 신뢰와 공감을 끌어냈다.[1] 우리는 저녁을 먹을 때 다른 누군가와 함께하면서 그 사람을 알게 되고 또 그를 이해한다. 우리는 가족과 함께 시간을 보내고 사업을 할 때도 그렇게 한다. 누군가를 상대로 연설을 한다거나 줌^{Zoom}으로 화상회의를 하는 모습을 떠올려보라. 또 값싼 볼펜을 나눠 주는 제품 설명회장을 떠올려보라.

사람들은 브랜드와 웹사이트도 사람이라고 생각하고 대한다. 대화의 소재로도 삼을 수 있다.

"나는 이 회사가 마음에 들어!"

"나는 그 회사가 싫어."

"나는 이 웹사이트가 정말 좋아!"

그런데 그 회사나 웹사이트는 사람들이 좋아한다는 것을 알고 그들이 베푸는 사랑이나 호의에 보답할까? 아마도 그렇지 않을 것이다.

바로 여기서 당신 회사의 마케팅에도 이런 점이 부족하다는 생각이 불쑥 머리에 떠오를 것이다. 하지만 이는 당신의 잘못이 아니라 충분히 있을 수 있는 일이다. 마케터들은 결과를 입증해야 한다는(즉 마케팅 성과가 매출 증가로 곧바로 이어져야 한다는) 압박을 수십 년 동안 받아왔다. 좋은 시절에는 성장을 합리화하고 나쁜 시절에는 비용 지출을 최대한 줄여야 했다. 또 마케팅은 투자 부문이 아니라 비용 부문일 뿐이라는 잘못된 믿음의 공세를 버텨야 했다. 이 모든 게 마케터가 힘겹게 감

당해야 하는 압박이었다.

그런데 마케팅을 비용 부문으로 바라보는 소극적인 논리는 한계가 있다. 가령 고객이 가는 곳마다 어떤 기업이 제시하는 똑같은 메시지를 본다고 하자. 또 그 고객이 가는 곳마다 똑같이 끈질긴 추적이 따라붙는다고 하자. 이때 고객은 그 모든 것에 냉담해지기 쉽다. 그러나 이제 마케터들은 대화의 가치에 주목하기 시작했다. 대화를 통해 고객의 욕망을 다채롭게 파악할 수 있을 뿐만 아니라 경쟁 업체와 차별성이 생기기 때문이다. 이런 접근법은 사람들의 눈에 두드러질 수밖에 없어서 이를 구사하는 마케터는 당연히 경쟁에서 이길 수밖에 없다.

이처럼 대화의 가치가 부각되면서 마케팅 세계에서는 한층 큰 변화가 불가피해졌다. 성공하는 기업과 고객 사이의 상호작용은 즉각적인 대응을 요구하는 빠른 메시지 전달에서 벗어나 더 깊고 지속적인 대화로 바뀌고 있다. 이런 때에 '지금 당장 저와 결혼해주셔야 합니다' 같은 방식을 고집하다가는 온라인 시장에서 뒤처지고 만다. 고객이 주는 온갖 신호를 배우고 대응하지 못하는 기업은 시장을 선도하는 기업이 되기는 커녕 살아남을 수조차 없다.

이제 마케팅은 기존과는 다른 시각으로, 즉 대화라는 인간적인 시각으로 바라봐야 한다. 우리는 이미 그 방법을 알고 있다. 다만 마케팅이라는 맥락에서 고객의 욕망을 쉽고 빠르게 파악하는 대화 방법을 익히기만 하면 된다.

Chapter 2

쉽고 단순하게 시작하라

시끌벅적한 채식 식당이었다. 나는 참신하진 않지만 유망한 브랜드의 소매유통 프랜차이즈 회사 CMO와 그의 팀원 몇 명과 함께 앉아 있었다. 그들은 다소 원대한 야망을 품고 작업을 진행하던 참이었다. 그래서 좀 더 나은 방향으로 나아가고자 내게 피드백을 받고 싶어서 마련한 자리였다.

"우리는 이번 기회에 대해 잔뜩 기대하고 있습니다. 우리 사업을 디지털 방식으로 혁신하려고 하거든요. 많은 것이 바뀔 예정입니다."

바로 이 부분이 내가 그들의 계획에 관심을 갖게 된 점이다. **디지털 전환**digital transformation은 현재 비즈니스 용어의 상위권에서 **혁신**innovation과 **가속화**acceleration와 **증폭**amplification처럼 화두로 떠오르고 있다. 그런데 이런 거창한 야망은 앱 아이콘을 새로 고친다거나 커브사이드 픽업curbside pickup(온라인으로 미리 가게에 주문한 다음 가게 앞에 가서 연락하면 가게 직원이 자동차에 물건을 실어주는 서비스—옮긴이)을 시도하는 데서 끝나버리는 경우가 너무 많다.

그런데 그 팀이 계획하는 내용은 그보다 더 나빴다. 그들은 7,000만 달러 규모의 소프트웨어 계약으로 회사 역사상 가장 포괄적인 데이터 관리 프로그램을 구축하고, 모든 고객 데이터와 고객과의 모든 접점, 상상할 수 있는 모든 것을 통합하고자 했다. 게다가 이를 2년 반 만에 끝내겠다고 했다. 나는 깜짝 놀랐다.

'마케팅 분야에서는 나름대로 숙련된 사람들일 텐데, 도대체 어떻게 하자는 거지?'

그들은 자신 있게 말했다.

"아시겠지만 말입니다. 모든 데이터를 모아서 제자리에 맞춰두기 전에는 뭔가를 한다고 해도 의미가 별로 없잖아요. 일단 시스템을 구축해서 데이터를 모두 갖추고 나면 데이터 전문가 수백 명을 고용해 모든 의사결정을 간소화하고 매끈하게 할 수 있을 겁니다."

그들은 자기들이 세운 계획이 정말 대단하다고 생각하는 것 같았다. 그러나 내가 보기에는 문제가 많아서 지적하지 않을 수가 없었다.

"수백만 달러 규모의 프로젝트를 진행하면서, 그러니까 이사회가 막대한 자본 투자를 결정하게 해놓고 3년 동안 수익을 전혀 기대하지 않는다는 게 말이 된다고 보십니까?"

"뭐…, 그렇죠. 우선은 데이터가 완벽해야 하니까요!"

나는 차마 말하지 못하고 속으로 외쳤다. '그렇다면 고객과 직접 만나는 소매유통점이 당신들과 고객 데이터를 공유하지 않는 문제는 어떻게 처리할 건가요? 당신들이 말하는 그 데이터는 도대체 어디서 나옵니까? 당신 회사의 브랜드 가치는 어디서 나옵니까? 입소문에서 나옵니까? 이렇게 하면 대화의 많은 부분을 놓칠 겁니다. 지금 당신들이 가지고 있는 고객 데이터의 가치는 어떻게 할 건가요? 그런 것까지 다 포기해도 좋다는 말입니까?'

당연한 결론이지만 그들의 야망은 실현되지 않았다. 그 모든 것을 마련하기까지 시간이 너무 많이 걸렸고 이사회는 결과를 기다리는 일에 점점 지쳐갔다. 결국 CMO는 회사를 떠낳고, 해당 브랜드는 몇 개의 사모펀드에 인수되었다. 이 실패 사례는 다른 회사들에 유용한 교훈으로 남았다. 이제는 그 어떤 회사도 그들이 시도했던 프로젝트 혹은 비슷한 그 무엇도 시도할 생각을 하지 않는다.

복잡한 데이터는 필요없다

사람들은 자기 의지를 통제할 수 없다고 느낄 때 몰입도 높은 상품으로 눈을 돌리는 경향이 있다.[1] 이것이 이른바 '1월 체육관 등록 효과'다. 이 등록 행위는 구체적인 결과를 느끼게 해주기 때문에 사람들은 새해가 되면 너나없이 체육관에 등록한다. 그런데 이것이 실제로 효과가 있을까? 그렇지 않다. 1월에 등록한 사람들의 80퍼센트는 4월을 넘기지 못하고 운동을 포기한다.[2]

앞서 소매유통 프랜차이즈 회사의 CMO가 자기가 진행하던 소프트웨어를 그렇게나 자랑스럽게 여겼던 이유도 바로여기에 있다. 모든 데이터를 하나로 통합하겠다는 기업은 대부분 이런 이유로 해당 프로젝트를 시작하지만 그 프로젝트는 시작과 동시에 끝난다. 그런 회사의 이사들에게 고객 관계 관

리CRM 시스템이 기대만큼 회사의 성장에 도움이 되는지 물어보면 90퍼센트가 아니라고 대답한다.[3]

고객과의 대화는 고객이 하는 모든 행위를 포착하자는 게 아니다. 대부분 기업이 이런 식으로 데이터를 다루려고 하지만 애초부터 틀린 접근법이다.

고객을 이해한다는 건 실제로 중요한 게 무엇인지 파악하지도 않고 그저 고객이 하는 모든 행동(예를 들면 고객이 보는 제품이 무엇인지, 몇 초 동안 그 제품을 보는지, 그 제품을 장바구니에 넣었다가 빼는 횟수가 몇 번이나 되는지 등)의 뉘앙스를 포착하는 게 아니다. 실제로는 고객 정보를 더 많이 모을수록 더 많은 정보를 놓치고 더 많은 비용을 지출한다. 중요한 신호를 인식하는 방법, 그 신호에 과도하게 집착하지 않는 법을 배워야 한다.

오늘 당장 회사의 성장에 초점을 맞추는 일이 최첨단 기술로 모든 일상의 데이터를 모으는 것보다 몇 배는 더 중요하다. 따라서 방향성을 이렇게 잡으면 안 된다. 예를 들면 누군가 슬리퍼 하나를 살지 말지 망설일 때 하는 행동 하나하나를 모두 인터넷에서 치밀하게 관찰할 필요는 없다. 지금도 어떤 마케터들은 그저 데이터만을 모으기 위해 어디에선가 이런 시도를 하겠지만 모두 소용없는 짓이다.

데이터를 다루는 세 가지 원칙

쉽고 효율적으로 데이터를 다루는 세 가지 원칙이 있다. 대단한 건 아니다. 모두 선택과 집중과 관련된 문제다.

일단 시작하라

무엇보다도 단순하게 시작하는 것이 중요하다. 접근법이 복잡할수록 시작하기 어렵고 개선은 한층 어려워진다. 정확한 데이터를 확보하기도 힘들어지며 그 데이터를 끌어당기기도 어려워진다. 지금 당장은 모든 것을 최대한 간소하고 가볍게 유지하라. 팀의 규모를 소규모로 꾸려 신속하게 행동할 수 있도록 해야 한다.

내가 아는 성공한 마케터 몇몇은 클라우드에 데이터베이스를 구축하고 이를 토대로 작업하기까지 두 시간도 채 걸리지 않는다. 비록 엉성하기도 하고 규모를 키우기가 쉽지 않을 수 있어도 작업을 하기에는 충분하다. 공장 단위가 아니라 워크숍 단위부터 시작하라. 스프레드시트만으로도 충분할 때는 굳이 대규모 고객 관계 관리가 필요하지 않다.

일을 진행하면서 더 많은 데이터를 얼마든지 추가하겠지만 구체적인 목적을 가지고 진행해야 한다. 회사의 데이터를 저장하는 방법을 놓고 1년이라는 시간을 허비하는 회사가 있다. 사실 이런 회사들은 무척 많다. 내가 매주 한 번씩은 만날 정도니까 말이다. 진짜 실력 있는 마케터는 그렇게 하지 않고 자기가 가진 데이터를 어떻게 **사용할 것인가**에 초점을 맞춰 최대한 단순하게 진행한다. 그리고 그런 노력이 얼마든지 수익을 창출할 수 있음을 보여주고 바로 그 지점에서부터 하나씩 쌓아나간다.

사람에서부터 시작하라

진실은 단순하고 직설적이다. 문제가 돈이라면 돈에서부터 풀어나가야 한다. 우리가 고객을 통해 돈을 번다면 그 돈이 어디서 왔는지 알고 그 고객이 누구인지 알아야 한다. 이것이 바로 우리가 만들어나가는 스프레드시트이며 CFO들이 존중하는 스프레드시트이기도 하다. 이 사람들은 돈과 관련된 것에 더 많이 신경 쓰지, 리드^{lead}(기업이 판매하는 제품 또는 서비스에 관심이 있어 실질 고객이 될 가능성이 큰 잠재 고객—옮긴이)나 앱 다운로드에는 별로 신경 쓰지 않는다. 그렇기 때문에 채널이나 캠페인 또는 제품을 기반으로 조직된 데이터는 데이터를 바라보는 잘못된 방법이다. 데이터는 사람에서부터, 곧 돈에서부터 시작해야 한다.

모든 고객의 이름을 알아두어라

세 번째 원칙은 될 수 있으면 고객의 이름을 많이 알아야 한다는 것이다. 이 원칙의 중요성은 아무리 강조해도 지나치지 않다. 이렇게 하면 모든 것을 하나로 묶는 데 도움이 되기 때문이다. 어떤 고객의 실제 이름, 이메일 주소, 충성 고객을 관리하는 프로그램의 고유번호 등이 바로 그 고객의 이름이다. 이는 우리가 여러 개의 시스템에 존재하는 여러 명이 실제로는 동일인임을 알아볼 수 있게 해준다.

어떤 엔터테인먼트 회사에서는 한 고객이 최대 27개의 아이디를 가지고 있으며, 각각의 아이디가 서로 연관성 없이 시스템마다 별도로 존재한다. 그래서 이 회사는 고객과 제대로 된 대화를 하지 못하는데 누가 누구인지 분간되지 않는 일이 끊임없이 일어나기 때문이다.

고객이 누구인지, 어떤 사람인지 식별할 수 있어야 한다. 그래야 그들이 무엇을 원하는지 파악하고 그에 맞춰 서비스를 제공할 수 있다. 고객이 자기 계정을 만들어 등록하도록 장려하는 인센티브, 예를 들면 회원 전용 콘텐츠 제공, 판매 촉진 행사 참가권 발행, 할인 쿠폰 발행 등을 시도하라. 인센티브라고 해서 지나치게 야단법석을 떨 건 없다. 그저 이윤에서 조금만 떼서 나눠 주면 된다. 구글 아이디나 페이스북 아이디 같은 통합인증Single-Sign-On, SSO 제공자를 사용하면 부담을 덜 수 있다. 일부 기업은 여기서 더 창의력을 발휘해, 이메일 캠페인 태그 추가 같은 방법으로 복수의 기기를 사용하는 고객을 쉽게 식별한다.

요점은 어떤 접근법을 사용하든 가능한 한 많은 고객을 식별하는 데 집중해야 한다는 것이다. 당신에게 자기 이름을 내줄 고객이 많지 않다고 예단하지 마라. 일단 한번 시도해보고 가장 싼 비용으로 가장 많은 이름을 얻을 수 있는 접근법을 찾아라. 고객의 이름을 아는 것은 그만큼 중요하다.

고객의 이름을 부르면 지갑이 열린다

고객의 이름을 확보했다면 그 이름을 지금 당장 활용하라. 마케팅을 고객별 맞춤형으로 진행하면 즉각적인 이점이 있다. 이메일 마케팅을 할 때 제목에 수신자 이름을 넣으면 이메일을 열어볼 확률이 20퍼센트, 전환율이 31퍼센트로 늘어나며 구독 취소율이 17퍼센트 줄어든다고 한다. 그러나 명심할 점이 하나 있다. 바로 고객에 대해 충분히 많이 알고 있어야만 고객의 이름을 온전하게 활용할 수 있다는 점이다.[4]

고객과 더 나은 대화를 하는 데는 1만 줄의 데이터가 필요하지 않다. 모든 대화를 다 녹음한다거나 수집한 모든 데이터를 정리하려고 하지 말고 정확하다고 확신하는 데이터에서부터 시작하라. 먼저 고객별 메시지의 일관성을 유지할 수 있도록 고객의 이름을 활용하라. 그리고 고객과 나누는 대화에서 진정으로 중요한 것에 주의를 집중하라. 이 기술에 대해서는 뒤에서 설명하겠다.

당신의 회사를 대신해 이런 대화를 진행해주는 완전 자동화 시스템을 판매하는 회사가 있는데, 이들의 역량은 제각각이므로 조심해야 한다. 이는 마치 친구에게 짝사랑하는 이에게 가서 사랑한다고 대신 말해달라는 부탁을 하는 것과 같다. 물론 친구가 당신에게 돌아와 "그 아이도 너를 좋아한대!"라고 말해준다면 정말 멋진 일이다. 그러나 이렇게 확보한 정보에 대해 당신이 제대로 아는 것은 무엇일까? 짝사랑하는 사람이 당신을 그저 친구로 좋아하는 건 아닐까? 혹시 마음에도 없는 말을 그저 예의상 한 것은 아닐까? 친구가 전해준 말은 오히려 더 많은 의문의 씨앗으로 남을 수 있다. 결국 당신이 직접 나서서 짝사랑하는 사람과 대화를 나누지 않는 한은 아무런 진전도 없다.

선택적으로 나서되, 절대로 복잡해지지 않도록 하라. 그런 다음 경청하는 방법을 배워라.

Chapter 3

정확한 질문을 하라

여행은 내가 일상적으로 하는 업무다. 구글 본사 건물에 데이터와 대역폭이 아무리 풍부하게 넘쳐난다고 해도, 이 안에서 할 수 있는 일에는 한계가 있다. 고객들과의 상호작용, 기업이 온라인과 오프라인이라는 분리된 사업체로서 행동할 때 나타나는 사일로silo(회사에서 자기만의 성을 쌓고 외부와 소통하지 않는 부서. '데이터 사일로'는 부서나 사업별로 데이터가 고립되어 비효율성이 증가하는 현상을 말한다―옮긴이)들과의 상호작용 그리고 특이 사항들과의 상호작용을 대체할 수 있는 것은 아무것도 없다. "책상은 세상을 살펴보기에는 위험한 자리다"라고 했던 작가 존 르 카레John le Carré의 말은 틀리지 않았다.

수십 개의 나라를 돌아다니다 보면 여행의 여러 절차나 관례에 곧 익숙해진다. 그렇지만 서비스산업의 특성은 여행지마다 달라 여행자들에게 특히 매력적으로 느껴진다. 서비스산업에서는 마케터들이 고객들의 자료를 수집하고 니즈를 예측하려고 노력하며, 고객과의 마찰을 최소화하려고 한다.

세계 최대의 온라인 여행사인 익스피디아Expedia 같은 대행사가 급증하면서 대부분 호텔에서는 고객이 호텔에 도착하기 전까지는 고객과의 대화가 시작되지 않는다. 여행자가 장거리 비행을 한 뒤에 체크인할 때도 고객 정보 관련 질문은 따로 할 필요가 없다. 그렇지만 이런 상황에서 호텔은 어떤 선택을 할 수 있을까?

한 예로 리츠칼튼 호텔에서는 직원들이 '개인별 취향 패드preference pad'라고 부르는 작은 노트북을 유니폼 주머니에 넣고 다닌다. 이는 고객 자료를 조금이라도 더 많이 수집하려는 방법으로 비록 기술 수준은 낮지만 작명도 훌륭하고 기능도 뛰어나다. 예컨대 고객이 음악이나 음료 등과 관련된 개인적인 취향을 언급하는 말을 들었을 때 직원은 그 내용을 패드에 기록한다. 그리고 이를 고객의 개인 프로필에 포함시켜 잠재 고객과의 대화에 대비한다.

이는 그저 시작일 뿐이다. 리츠칼튼 호텔뿐 아니라 많은 일류 호텔이 지닌 진정한 힘은 고객과의 대화를 이끌어내고 이로써 수익을 창출할 정보를 얻어내는 그들만의 탁월한 능력에 있다. 그중 어떤 호텔에는 자체 충성 고객 프로그램loyalty program이 있다. 이 호텔은 이미 다른 호텔들과의 경쟁에서 앞서 많은 고객을 확보했더라도 개별 고객에게 특별한 혜택을 제공한다. 이렇게 하는 이유가 무엇일까? 잠재 고객을 확보하기 위해서다.

예를 들어 고객에게 객실 업그레이드 같은 혜택을 제공한다고 하더라도 어차피 빈 객실을 활용한다고 보면 추가 비용은 생각만큼 크지 않다. 이런 비용은 가치 있는 신호를 포착하는 데 들이는 작은 투자일 뿐이다. 즉 씀씀이가 커서 수익성이 높은 출장 여행자를 발견하고 그들을 설득해 충성도를 높이기 위한 비용인 것이다.

또 다른 호텔 체인은 직원들이 고객에게 하는 모든 안내와 설명과 질문을 정밀한 실험을 통해 미세 조정한다. 다양한 부류의 고객을 대상으로 메시지를 다르게 해서 어떤 표현이 가장 좋은지 파악하는 것이다. 예컨대 대부분의 호텔 직원은 체크아웃하는 고객에게 "숙박은 어땠습니까?"라고 묻는데, 이 질문으로는 "좋았어요"라는 뻔한 답변밖에 유도하지 못한다. 그러나 다음과 같이 물을 수도 있다.

"혹시 저희가 더 잘할 수도 있었는데 그러지 못한 점이 있었습니까?"

이 질문은 고객에게서 한층 솔직한 답변을 유도한다. 구체적인 개선점을 찾아내고 실제로 반영할 가능성도 그만큼 커진다. 이 질문에 고객이 하는 답변과 불만 사항은 고객의 프로필에 저장되는데, 이는 다음에 같은 일이 또다시 반복되지 않도록 하기 위함이다. 질문 하나만 바꿨는데도 효과는 엄청났다. 유용한 정보로 그들이 무엇을 생각하고 있는지 파악할 수 있었고, 나아가 그 고객이 한번 더 투숙할지도 대답으로 유추할 수 있었다.

가장 성공적인 마케터들은 호기심이나 시시콜콜한 대화에서 이렇게 알아낸 정보들을 공유한다. 마케터들은 자기가 가진 데이터를 해석하는 데 그치지 않는다. 그들은 그 데이터를 보다 큰 어떤 이야기를 들여다보는 창이라고 생각한다. 그리고 고객과 나누는 대화가 어떻게 하면 조금이라도 더 적극적일 수 있을지 고민한다. 그들은 고객이 원하는 것에 대해 조금이라도 더 많이 알려주고 대화를 진전시키며, 고객의 이해를 심화시키는 신속하고 민첩한 질문으로 응대한다. 이런 정보는 힘이다. 그렇기에 이 힘을 더 많이 확보해야 경쟁자보다 유리한 위치에 설 수 있다.

구글은 그냥 질문하지 않는다

제대로 질문하는 것이 중요하다고 강조할 때마다 늘 똑같이 돌아오는 대답이 있다. "아, 그렇군요. 그래서 저희는 고객에게 이메일 설문지를 보낼 겁니다. 반복해서요." 그것도 나름대로 의미는 있을 것이다. 그러나 이메일 설문지를 받은 고객 가운데 설문에 응해주는 사람이 얼마나 될까? 아마도 3퍼센트 미만일 것이다.[2]

해마다 실시하는 대규모 설문조사만으로 끝내지 마라. 늘 똑같은 20개의 질문을 모든 고객에게 던져 전년 대비 측정치를 찾는 데서 만족하지 마라. 거기서 나온 대답들이 과연 다음 연도의 사업에 도움이 될까? 그건 지표에 관한 문제다. 지금 우리가 집중해야 할 것은 발견과 예측이다.

늘 똑같은 구닥다리 도구들에 갇히지 마라. 질문의 힘을 가둬놓지 마라. 질문은 새로운 발상을 떠올릴 수 있는 영감을 주고 호기심을 충족하며, 가설을 시험하고 새로운 발견을 할 수 있게 한다. 질문을 할 때 중요한 것은 데이터를 수집할 때와 마찬가지로 단순하게, 가볍게 접근하는 것이다.

고객에게 더 많은 질문을 하고 고객과 깊은 대화를 나눌 간단한 방법 몇 가지를 소개하면 다음과 같다.

첫째, 회사의 웹사이트에서 이뤄진 상호작용에서 더 많은 데이터를 수집한다. 예를 들면 사람들이 뭔가를 구매할 때 일이 어떻게 돌아가는지 이해하게 해줄 질문을 하나 더 하는 것이다. 여행의 목적이 출장인지 혹은 관광인지 고객에게 질문하는 항공사들은 좌석 업그레이드에 따른 가격 민감도와 관련해 뛰어난 통찰을 얻을 수 있다.

이미 이런저런 질문을 하고 있다면 그 질문들을 뒤섞어 돌아가면서 한다. 매주 다른 질문들을 번갈아 하다 보면 그동안 놓쳤을 수도 있는 새로운 사실을 깨닫는다. 그리고 똑같은 질문을 모든 사람에게 해야 한다는 집착을 버려라. 당신이 수집한 통찰의 약 5퍼센트 정도만 유효하다는 사실도 알게 될 것이다.

둘째, 회사의 웹사이트 바깥에 있는 사람들에게 질문하라. 새로운 도구들을 사용하면 당신의 고객 또는 잠재 고객, 심지어 경쟁사의 고객을 대상으로 빠르고 쉽고 저렴하게 설문조사를 할 수 있다.

이와 관련해 구글은 '구글 서베이즈Google Surveys'라고 불리는 제품을 제공한다. 구글 서베이즈는 전체 모집단을 대표할 뿐만 아니라 여러 회사와 제품에 관한 질문에 기꺼이 대답할 수백만 명에게 아주 저렴한 비용으로 접근할 수 있게 해준다. 이 표본은 지역별, 인구통계 지표별로 세분화할 수 있다. 심지어 자사 웹사이트를 방문했던 사람들이나 경쟁사의 제품에 관심을 보인 사람들로도 세분화할 수 있다.

셋째, 고객이 상품을 구매하는 여정의 특정 시점에서 실시간으로 고객과 접촉할 수 있는 새로운 온라인 채팅 서비스를 활용하라. 이는 일단 설치되기만 하면 매우 효과적이다. 비록 시간과 비용을 많이 잡아먹더라도 유의미한 정보를 많이 얻을 수 있다.

물론 지금 하는 이 말들은 당신이 오랜 세월 사용해온 방식을 당장 걷어치우라는 것이 아니다. 고객에게 더 자주, 더 적절한 질문을 쉽게 할 수 있도록 해주는 도구들을 사용하라는 것이다.

또한 어떤 질문을 할 때는 신중해야 한다. 예를 들어 "당신은 돈을 많이 법니까?"라는 질문은 첫 데이트 자리에 나온 상대방에게 할 질문이 아니다. 상대방에게 보기 좋게 차이고 싶지 않다면 이런 질문은 삼가자. 이럴 때는 "무슨 일을 하세요? 어디에 사세요? 휴대폰은 아이폰입니까, 안드로이드폰입니까?"라고 물어라(이것이 가장 좋은 질문일 수 있다. 한 설문조사에 따르면 아이폰 사용자와 안드로이드폰 사용자의 평균 연소득은 각각 5만 3,251달러와 3만 7,040달러였다[3]).

고객에 대한 호기심과 이를 알아내려는 노력은 당신의 회사 또는 사업에 필요한 적절한 질문들을 가져다줄 것이다. 그런 질문들을 몇 가지 더 소개하고자 한다.

"이 제품을 선물용으로 구매합니까?"

온라인 쇼핑의 결제 페이지에 꼭 들어가는 질문이다. 흔히 진보라색의 가짜 스웨이드 선물 가방과 사용자의 이름이 박힌 노트를 추가 판매하려는 시도다. 그리고 대부분 회사는 정확하게 여기서 질문이 끝난다.

그러나 이 질문에는 판매 의도만 있는 게 아니라 그 이상이 있다. 보석을 살 때 티파니에서 살 것인지 월마트에서 살 것인지 고민하는 사람이라면 잘 알 것이다. 누군가에게 선물을 주는 행위는 자신이 누구인지 드러내는 행위다. 연구 결과에 따르면 사람들이 선물을 살 때 이 선물은 그들과 해당 브랜드 사이의 연결성을 강화한다. 사람들은 다양한 선택지들을 비교하느라 쇼핑에 많은 시간을 들이고 그렇게 해서 드디어 상품을 구매할 때쯤에는 그 상품의 브랜드에 충성하는 마음을 갖게 된다.

한 실험에 따르면 어떤 브랜드에서 선물을 산 고객은 다음 해에 그 브랜드 제품을 63퍼센트나 더 소비했다.[4] 그들의 구매 빈도는 25퍼센트 올라갔고, 쇼핑할 때마다 구매 금액은 41퍼센트 올라갔다. 따라서 "이 제품을 선물용으로 구매하십니까?"라는 질문에 대한 구매자의 답변은 단 한 번의 구매를 제안하는 것 이상의 가치를 지닌다고 할 수 있다.

"외식을 할 때 얼마를 지출합니까?"

물론 외식뿐 아니라 영화 스트리밍이나 납세 관련 자문, 부티크 호텔 이용에 얼마를 지출하는지 물을 수도 있다. 전문 용어로 '지출점유율share of wallet'이라고 불리는 이 지출액을 물어보면 해당 고객에게 성장 기회가 있는지 파악할 수 있는 강력한 답변을 얻게 된다.

금융 고객을 대상으로 한 연구에 따르면 이들은 투자의 규모가 커질수록 더 많은 투자사를 이용하여 투자를 다각화한다.[5] 예를 들면 20만 달러를 한 곳에 투자하지 않고 10만 달러씩 두 곳에 투자한다는 말이다. 따라서 똑같이 행동하는 두 고객이 있다면 그들의 전체 지출 가운데 99퍼센트를 확보했는지, 10퍼센트만 확보했는지 파악해야 한다. 이 질문은 회사에 엄청난 수익의 차이를 가져다줄 대화이기 때문이다. 회사가 성장할지 아닐지는 어떤 질문을 하느냐에 달려 있다고 해도 과언이 아니다.

"이 웹사이트를 다시 찾는 이유가 무엇입니까?"

웹사이트를 여러 차례 방문하는 사람에게는 그 이유를 구체적으로 물어야 한다.

"집은 언제 구입할 계획입니까?"

"어떤 날짜에 여행하길 기대합니까?"

"특별하게 찾는 상품이 있습니까?"

앞에서 등장했던 하이힐 구매자와 같은 몇몇 고객은 자기 자신을 확신하지 못할 수 있다. 그러나 적어도 당신은 자기를 알고 그에 따라 행동하는 사람들과 아닌 사람들을 구분할 수 있다. 위의 질문들은 고객이 구매 여정에서 현재 어떤 지점에 있는지, 또 언제 당신이 개입해야 하는지를 알려줄 수 있다("앞으로 3~6개월 사이에 구매할 계획이 있습니까?"). 특히 이런 질문들은 부동산이나 전사적 소프트웨어나 자동차 관련 사업처럼 시행에 많은 시간이 걸리는 사업과 관련해 중대한 의사결정을 내리는 데 도움이 된다.

"우리 제품에서 가장 마음에 드는 점은 무엇입니까?"

질문의 방식은 돌아오는 답변뿐 아니라 고객의 행동도 달라지게 할 수 있다. 예를 들어 "제품과 관련된 경험은 어땠습니까?" 같은 중립적인 질문이나 "개선해야 할 점이 있었습니까?" 같은 부정적인 질문을 하면 더 많은 정보를 얻을 수 있다. 또 "제품에서 가장 마음에 드는 점은 무엇입니까?" 같은 긍정적인 질문을 하면 매출을 더욱 높일 수 있다.

소매유통점 고객을 대상으로 했던 어떤 실험에 따르면 첫 번째 질문이 긍정적인 내용일 때 고객의 구매 금액은 이후 1년 동안 8퍼센트 올라갔다.[6]

이 실험을 했던 연구자들은 또한 무료 체험에 나선 기업 간거래Business to Business, B2B 고객도 조사했다. 실험 기간 중간에 "지금까지의 상품 경험에서 좋았던 점은 무엇입니까?"라고 물었는데, 그 뒤로 유료 상품 판매의 매출액이 32퍼센트 증가했다.

또 다른 연구에서는 금융 서비스업 분야를 대상으로 긍정적인 질문들을 했을 때 매출이 늘어났고 더 많은 고객이 참여했다. 또한 고객과 훨씬 수익성이 높은 관계로 이어졌으며 이 효과는 1년 뒤까지 지속되었다.[7]

마음을 사로잡는 질문의 기술 4

지금까지 질문하는 것이 왜 중요한지, 어떤 질문을 해야 하는지 살펴봤다. 그렇다면 이제 고객에게 질문하는 것에 대해 더 알아야 할 것이 있을까? 다음을 살펴보자.

어휘를 늘려라

질문을 어떻게 표현하느냐에 따라 대답이 달라질 수 있으며, 질문을 제시하는 방식에 따라서도 대답이 달라질 수 있다. 단어들에서 비롯될 수 있는 차이도 크다. 코드닷오그code.org가 참여한 한 사례연구에서는 CTA를 '더 많은 것 알아보기Learn More'에서 '함께하기Join Us'로 바꾸자 응답률이 29퍼센트나 오른 것으로 나타났다.[8]

〈하버드 비즈니스 리뷰Harvard Business Review〉에 실린 한 연구논문은 부모들로 구성된 두 집단에게 '아이들이 인생을 준비하는 데 가장 중요한 것'이 무엇이라고 생각하는지 물었다. 한 집단에게는 부모들이 대답할 만한 예시 답변 목록을 제시했고 이들의 약 60퍼센트가 그 목록에 있던 '스스로 생각하기'를 선택했다. 다른 집단에게는 아무런 예시 답변을 제시하지 않았다. 이 집단에서 '스스로 생각하기'라는 대답을 한 비율은

5퍼센트밖에 되지 않았다.[9]

왜 이런 차이가 생길까? 선택의 폭을 줄여주는 선택지들이 없을 때 사람들은 생각하고 상상해서 답을 떠올려야 한다. 과연 그 부모들은 자기 아이에게 스스로 생각하는 힘이 정말 소중하다고 여겼을까? 아니면 단순히 주어진 선택지에서 명백한 답변이라고 보이는 것을 선택했을 뿐일까?

이 점을 확인하려면 실험이 필요하다. 여러 가지 다른 질문들을 시도해보고 같은 질문을 다른 방식으로, 다른 시간대에 해봐야 한다. 그런 다음에는 다른 대화에서 하는 것과 마찬가지로 고객이 어떻게 대응하고 조정하는지 살펴본다.

자제하라

관심 있는 고객과 대화할 때 언제나 73개의 질문으로 시작하는 한 부동산 회사가 있었다. 나는 그 회사와 함께 일한 적이 있었는데, 그 질문들은 이런 것들이었다. "언제 집을 살 생각입니까? 어떤 유형의 집을 살 생각입니까? 그 집이 당신의 첫 번째 집입니까, 아니면 두 번째 집입니까? 그 집을 주거용으로 사려 합니까, 아니면 투자용으로 사려 합니까? 그 집을 얼마나 오랫동안 소유할 생각입니까? 집을 산 뒤에 인테리어 공사를 하려고 합니까? 등등."

사실 잠재적인 구매자의 점수를 매기는 데는 그 사람의 신용 점수와 합리적인 가격만 있으면 된다. 그런데도 그 부동산 회사는 3개월이나 6개월 뒤에 실제로 집을 살 사람이 누구인지 알아내려고 했다. 그 어떤 질문도 기대하던 신호를 가져다주지 않았다. 오히려 많은 질문에 사람들은 짜증을 냈고 심지어 20번째 질문을 전후로 질문지를 내팽개쳐버린 이들도 있었다. 결국 그 회사는 데이터에 파묻혀버렸고 잠재 고객을 모두 쫓아버렸다. 적은 것이 오히려 더 많은 것을 가져다줄 수 있다는 사실을 명심하라.

가만히 앉아 있지 마라

가장 좋은 질문은 상대방의 대답을 토대로 바로 행동할 준비가 되어 있는 질문이다.

"야, 너 스노보드 타는 거 좋아해?"

"응! 지금 눈이 오니?"

"아니."

"그럼 왜 나한테 그 질문을 한 거야?"

"그냥 궁금해서."

어떤 질문을 하기 전에, 상대방의 대답을 들은 다음에 어떻게 대응할 것인지 미리 생각해둬라. 만약 상대방의 대답에 다음 행동을 바꿀 게 아니라면 상대방에게 구매비 지출이 얼마나 되는지 묻지 마라. 질문을 할 때는 언제나 분명한 의도가 있어야 한다.

안주하지 마라

사람들은 원래 그 모습 그대로지만 환경은 자주 바뀐다. 따라서 수집한 데이터는 곧바로 사용해야 의미가 있다. 데이터로 학습한 내용은 유효기간이 있다는 점을 기억하고, 나중에 같은 고객에게 같은 질문을 다시 해야 한다. 사람들이 하는 대답은 언제나 바뀌기 때문이다. 상황이 얼마나 빠르게 바뀌는지는 정해진 바가 없으므로 늘 질문하는 것이 좋다. 고객이 하는 대답이 그들의 행동이 변하고 있음을 암시할 때는 그 이유를 이해하기 위해 한층 포괄적인 연구가 필요하다.

데이터를 수집하고 그 데이터를 지켜보는 것만으로도 고객의 모든 것을 알수 있다고 가정하지 마라. 이는 대화가 아니라 몰래 엿듣는 것이다. 어쩐지으스스한 느낌이 들지 않는가?

고객에게 질문을 하되 반드시 목적을 가지고 하라. 알든 모르든 간에 당신은 고객과 대화를 나누고 있다. 그 대화 속으로 뛰어들어라.

Chapter 4

인간적인 특성을 포용하라

데이터 중심 기업들은 인간(고객)은 완벽하게 이성적이며 오로지 상품의 가격과 가치와 특성만 보고 구매 결정을 내린다고 생각한다. 예를 들면 고객은 가장 빠른 웹사이트와 가장 빠른 배송 시간을 원하며, 데이터가 그 모든 것을 설명해준다고 믿는다. 그러나 실제 고객은 그렇게 행동하지 않기에 마케터들은 언제나 실제 현실, 즉 데이터를 초월하는 영역에서 기회를 발견하곤 했다. 이는 인간의 행동이 의도와는 다르게 자주 비합리적으로 이뤄진다는 뜻이다.

한창 성장하던 한 B2B 유통회사가 온라인 시장에서 어려움을 겪게 되었다. 이 회사는 협력 업체와 경쟁 업체들을 인수했는데 각 업체는 그들이 독자적으로 사용하던 재고 관리 도구들까지 함께 가지고 왔다. 그 결과 수십 개의 각기 다른 시스템에서 데이터를 뽑아내 제품 지원, 가격, 배송, 시간 등 모든 것을 검색하게 됐는데 이는 소요 시간을 지연시켰다. 자연스럽게 고객은 검사 결과가 나오기까지 최대 30초까지 기다려야했다. 당시는 속도가 전부라는 믿음이 지배적이었다. 어떤 연구에 따르면 0.1초의 지연은 전환율 7퍼센트 감소라는 결과를 초래한다고 나타나기도 했다.[1]

회사는 고객들이 지연과 기다림을 참지 못하고 떠날 것이라고 걱정했다. 그래서 인프라와 컨설턴트에 수백만 달러를 투자해 마침내 인수 업체들까지 모두 포괄하는 전체 시스템을 만들었다. 단일한 최첨단 클라우드 플랫폼에 연결해서 짧은 시간 안에 동일한 결과를 고객에게 제공한 것이다. 이는 누가 봐도 매우 현명한 선택인 것 같았지만 결과는 그렇지 않았다. 매출이 전혀 늘지 않았고 고객들의 불만이 쏟아졌다. 고객은 무언가 서비스가 부족하다고 느꼈으며 자연히 고객만족도 점수도 떨어졌다. 고객 설문조사에 따르면 웹사이트 방문자의 70퍼센트 이상이 **예전의** 플랫폼을 선호했다. 도대체 어떻게 된

일일까?

우리는 사람이다. 우리는 다른 사람이 우리를 대신해 일한다는 것을 확인하고 싶어 한다. 예를 들면 식당에서 주방 요리사와 손님이 서로의 얼굴을 볼 수 있을 때 손님의 만족도가 17퍼센트 높아진다는 연구 결과도 있다.[2]

인간의 이런 기대심리는 디지털 상호작용에서도 나타난다. 그 연구의 후속 연구에 따르면 많은 기업이 자사 웹사이트를 통해 더 빠르고 효과적인 서비스를 제공하려고 노력한다. 하지만 고객은 그 과정에서 인간의 노동을 '바라볼' 수 없을 때 아무리 빠른 서비스라도 해당 서비스의 가치를 낮게 평가한다.[3] 특히 검색 결과에서는 더욱더 그렇다. 상태 표시줄은 결과를 전달하는 데 상대적으로 오랜 시간이 걸려도 그만큼 고객이 인식하는 결과의 가치를 높인다. 고객은 진행 과정이 보이는 결과를 더 믿음직스럽고 만족스럽다고 느끼며 최대 60초까지는 기꺼이 기다린다. 그런 지연이 현재 진행 중인 작업에 대한 설명이나 통찰을 제공하기만 한다면 말이다.

실제로 그 B2B 회사가 고객이 검색 작업을 할 때 해당 검색이 진행되고 있다는 메시지를 제공하고 몇 초 지난 뒤에 결과를 보여주자, 고객만족도는 한층 개선되었다. 그리고 고객은 그 업체의 웹사이트를 예전보다 더 많이 신뢰하게 되었다.

인간은 원래 비합리적이다

관심을 두고 있는 데이트 상대가 있지만(그런 상대가 여러 명일 수도 있다) 어쩐 일인지 연애를 못 하는 사람이 있다. 이런 사람은 우리 주변에 흔히 있다. 이들은 직업이나 외모가 번듯하고 경제력도 상당하며 심지어 수학까지 잘하는데도 주말을 혼자 보낸다.

마케팅도 데이트처럼 전적으로 객관적인 게 아니다. 흔히 마케터들은 고객이 논리적이고 합리적인 존재라고 생각한다. 고객이 어떤 선택을 할 때 오로지 각 선택지의 장단점만을 따진다고 생각하는 것이다. 그래서 온갖 상품으로 가득 차 있으며 가장 빠른 로딩 시간을 자랑하는 웹사이트를 가장 선호하리라고 생각한다.

물론 이런 추정은 어느 정도는 맞다. 속도가 매우 느린 사이트를 사람들이 좋아하지 않는다는 사례는 분명히 있다. 그러나 사람들이 하는 행동에는 미묘한 차이가 있다. 때로는 애초에 예상했던 것과 전혀 다른 행동이 나타나기도 한다. 그것이 우리의 인간적인 모습이라 이런 사실을 제대로 이해하고 고객에게 다가가야 한다. 고객의 인간적인 모습에 맞춰 선택지를 구성하는 마케터만이 성공의 기쁨을 맛볼 수 있다.

욕망을 건드리는 행동과학의 기술 4

최근 들어 마케터들은 점점 더 마케팅 계획에 행동과학을 접목하고자 한다. 그렇지만 벌써부터 겁먹을 필요는 없다. 이 학문의 모든 것을 다 알지 못해도 얼마든지 바람직한 성과를 낼 수 있다. 지금부터 설명하는 것만 익혀도 현재 상황에서 몇 가지 변수를 고려할 것인지, 아니면 접근법 자체를 바꿔야 할 것인지 올바른 판단을 내릴 수 있다.

그러면 지금부터 행동과학의 세계로 한 걸음 들어가보자. 이 분야의 초심자가 우선 활용할 수 있는 몇 가지 행동과학 기술을 소개하면 다음과 같다.

결승선 착시 효과를 노린다

어떤 사이트에서 고객에게 새 계정을 만들게 하거나 충성 고객 배지를 얻고 싶게 하는 건 쉽지 않은 일이다. 처음부터 이 걸 하고 싶어 하는 사람은 아무도 없다. 고객이 보기에 충성 고객이 되는 것은 고지를 점령해야 하는 힘겨운 싸움과도 같아서 산기슭에서 위쪽을 바라보며 힘겹게 올라가야 한다. 그러나 당신은 그들을 응원하고 지지해야 한다. 고객에게 잘하고 있으며 이미 많이 올라왔고 뒤에서 바람도 불어 고객을 밀어주고 있다는 느낌을 받게 하라. 그러면 고객은 한결 덜 힘들어하며 당신의 의도대로 움직인다.

예를 들어 고객이 밟아야 하는 전체 과정(프로세스)이 8단계로 구성되어 있다면 고객에게 전체 10단계 가운데서 두 단계를 완료했으며 앞으로 8단계가 남아 있다고 웹페이지에 표시하라. 그러면 해당 과정의 완료율이 높아진다. 고객이 앞으로 더 많은 단계를 계속 밟도록 유도하려면 지금까지 얼마나 왔고 앞으로 얼마나 가야 하는지 수치로 제시해야 한다('계정 등록 과정이 90퍼센트 완료되었습니다!').

다음은 한 광고의 초기 타이틀이다. 이 광고는 사용자에게 간단한 프롬프트(지시 메시지)로 신제품 '구글 마이 비즈니스 Google My Business'에 비즈니스 정보를 입력하도록 장려했다.

비즈니스를 하고 싶은가요?
사람들이 당신을 찾을 수 있도록 '구글 검색'에 추가합니다.

아니요, 감사합니다　　　네, 지금 바로 합니다

이후 제목과 버튼이 함께 어우러져 과정(프로세스)을 시작할 것을 강조하는 형태로 수정했다. 테스트 과정에서 구글 마케터들은 아래와 같은 프롬프트를 다른 사용자 집단에 제공했다. 여기서는 사용자가 곧 결승선에 도달할 것처럼 보이지만 실제로는 이전 프롬프트와 같은 지점에서 출발한다.

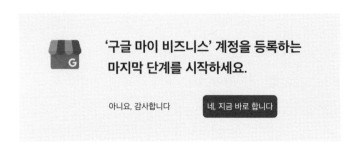

결과는 어땠을까? 이 테스트 버전에서 고객의 등록률은 20퍼센트 증가했고, 광고비가 무려 200만 달러 가까이 절감되는 효과가 나타났다.

희소성을 강조한다

일반적으로 사람들은 희소한 것을 더 가치 있는 것으로 인식한다. 이것이 희소성이 가진 힘이다.[4] 그리고 사람들은 손실과 이익이 똑같더라도 손실의 상실감을 이익의 기쁨보다 두

배나 더 크게 받아들인다. 이른바 '손실 회피loss aversion' 성향을 보인다.[5]

희소성은 제한된 기간부터 제한된 제품 수량에 이르기까지 모든 것에서 나타난다. '긴급: 객실이 하나밖에 남지 않았습니다.' '경고: 현재 15명이 이 웹페이지를 보고 있습니다!' (일부 여행 사이트들은 이런 숫자를 무작위로 표시한다는 비난을 받아왔다.[6] 게다가 이 사이트는 그 15명이 똑같은 시간대가 아니라 다른 시간대에서 그 웹페이지를 보고 있다는 사실은 밝히지 않았다.)

또 다른 구글 실험에서는 '전문가의 도움을 놓치지 마세요'라는 간단한 헤드라인을 추가했을 때 클릭률이 53퍼센트 증가했다.

손실 회피 성향은 상품 할인이나 제한된 수량의 재고에 대한 경고, 판촉 보너스 같은 마케팅 홍보에서 활용된다. 지금 바로 행동하지 않으면 놓치고 말 것이라고 경고해서 소비자의 즉각적인 행동을 유도하는 것이다.

군중을 모은다

또래 압력은 학생들 사이에서만 나타나는 게 아니다. 사람들은 자기가 어떻게 행동해야 할지 확신이 서지 않을 때 다른 사람들의 행동을 지침으로 삼는다.[7] 미국인 82퍼센트가 어떤 상품을 구매하기 전에 친구나 가족의 의견을 듣는다고 응답한 것도 바로 이 때문이다.[8]

그만큼 마케팅에서 유명 인사의 보증 홍보가 중요하다는 뜻이다. 또 얼마나 많은 고객이 대기자 목록에 줄을 섰는지, 얼마나 많은 고객이 최신 선글라스를 사는 것 같은 특정한 행동을 했는지 언급하는 것이 중요하다. 또래 압력은 심지어 제품 등급에서도 작동한다. 그러니 로켓으로 작동하는 행글라이더를 본다면, 적어도 리뷰가 다섯 개 달린 제품은 리뷰가 하나도 없는 제품에 비해 전환율이 270퍼센트나 된다는 사실을 기억하라(하지만 무조건 그 행글라이더를 사라. 왜냐고? 멋있으니까).

한 구글 실험에서는 아래와 같이 몇몇 시간대가 흰색으로 표시된(이는 다른 사람들도 예약하고 있다는 뜻이다) 예약표를 본 사람의 클릭률이 87퍼센트 더 높았다.

'애드워즈 전문가'의 도움말을 무료로 받아보세요.

더 쉽게 시작해보세요. 계정 등록을 완료하는 걸 도와줄 애드워즈 전문가와 대화를 나눠보세요.

아래 시간대 가운데 하나를 선택해서 애드워즈 전문가에게 전화할 달력 알리미를 설정하세요. 검은색으로 표시된 시간대가 선택 가능한 시간대입니다.

수요일(12월 3일)	목요일(12월 4일)	금요일(12월 5일)
9:00am	10:30am	9:30am
11:30am	12:00pm	11:00am
2:30pm	3:30pm	3:30pm
4:30pm	4:00pm	4:30pm

씨앗을 뿌린다

누군가를 단어나 이미지 또는 통계 수치 같은 자극에 노출하면 이 자극은 나중에 그가 하는 선택과 행동에 영향을 끼친다. 바로 점화priming(프라이밍) 효과다.

대부분 마케터는 특정 공간의 밝은 면에 집착한다. 즉 특정 속성을 강화하는 정서나 이미지를 전달하는 색깔들에 집착하는데 예를 들면 구름을 동원해서 부드러움을 강조하는 식이다. 문제는 이렇게 할 때 오히려 더 어둡고 부정적인 결과가 빚어질 수 있다는 점이다. 한 연구에 따르면 아시아계 미국인 여성이 자신의 인종 정체성과 관련된 질문으로 자극을 받았을 때 수학 시험에서 오히려 높은 점수를 받는 것으로 나타났다.[9] 그런데 이들은 자신의 성별과 관련된 질문으로 자극받았을 때는 낮은 점수를 받았다.

점화는 유용한 기법이다. 그러나 이것의 부정적인 힘 역시 강력하다. 절대로 뭔가를 인위적으로 조작하지 마라. 마음이 조급하다고 결과를 속단하지 말고, 차라리 제다이 훈련법(〈스타워즈〉 시리즈에서 제다이의 수련 과정으로 신체와 마음의 훈련이 오랜 시간에 걸쳐서 진행된다―옮긴이)을 익히도록 하라. 그편이 훨씬 나을 것이다.

다음은 유튜브 게임을 홍보하는 한 팝업 광고다. 원래 제목('게이머들을 위해서 만들었다')에는 반응하는 사람이 없었다.

그러나 테스트 버전에서는 제목을 다음과 같이 바꿨다.

이 유튜브 홍보팀은 광고를 보는 사람에게 '당신은 게이머입니까?'라는 질문을 던져 상대방을 말로 자극한 다음 '지금 바로 합류하기' 버튼을 제시했다. 그러자 해당 버튼을 클릭하는 사용자 수가 2.3배 늘어났다.

우리는 사람이다. 늘 합리적이지만은 않아서 감정적이고 사랑스러운 행동을 한다. 이것이 우리의 본모습이다. 인간 행동의 미묘한 뉘앙스를 이해하면 고객을 상대로 더 나은 대화를 할 수 있다. 굳이 행동과학 박사 학위를 따지 않아도 누구든 인간 행동에 관한 이론을 활용할 수 있다. 기본적인 사항을 숙지하고 고객을 대할 때 그들의 비합리적인 모습들을 수용하는 것이 합리적인 주장만 하는 것보다 더 많은 도움이 된다.

Chapter 5

힌트를 포착하라

실제 현실에서 이뤄지는 대화의 진짜 의미는 단어의 뜻을 안다고 해서 이해할 수 있는 것이 아니다. 왜냐하면 누군가가 사용하는 단어들은 그 단어를 사용한 사람이 진정으로 말하고 싶은 내용을 항상 담는 게 아니기 때문이다. 마음이 상한 사람에게 기분이 괜찮은지 물었을 때를 생각해보자. 그 사람은 "괜찮아"라고 말했어도 사실은 '괜찮지 않은' 경우가 많다. 또 부모님에게 생일 선물로 무엇을 드릴지 물어보면 가지고 싶은 게 딱히 없다는 대답이 돌아오기 일쑤다. 그러나 이렇게 말하는 부모 모두가 깜짝 선물을 받고 싶어 그렇게 대답하지는 않을 것이다.

어떤 회사에서는 고객의 눈치를 살펴 마음을 읽어내는 일이 다른 회사보다 더 어렵다. 이런 문제로 어려움을 겪던 한 자동차 회사를 컨설팅한 적이 있었다. 이 회사는 자동차 생산 부서는 생산 부서대로, 지역별 관리자들은 지역별 관리자들대로, 개별적인 딜러(독립 영업점)들은 딜러들대로 똑같은 자동차를 놓고 제각기 따로 홍보하는 수수께끼 같은 마케팅에 수백만 달러의 돈을 투자하고 있었다.

내가 보기에 그들은 마치 난생처음 피겨스케이트를 타는 사람들 같았다. 예산이 분리되어 있었고 전술도 각기 달랐으며 웹사이트도 달랐다. 그들은 단지 자동차가 팔리고 있다는 것만 알 뿐이었다. 어쨌든 간에 계속 자동차를 만들고 있었으니 말이다. 그러나 자동차가 어떤 대화를 통해 팔리는지는 전혀 알지 못했다.

사실 이 회사의 문제는 고객 경로customer funnel를 구축하겠다는 좋은 의도에서 비롯되었다. 그러나 그들이 하고 있는 마케팅을 데이트에 비유하면 어떤 남자가 다음과 같이 말하는 것이나 마찬가지였다.

"나는 데이트를 이런 방식으로 하고 싶어. 일단 자동차로 그녀를 태워 식당으로 데려갈 거야. 그녀에게 옷을 맵시 있게 잘 입었다고 칭찬하고, 저녁값은 내가 내야지. 그러면 그녀는 내가 상당히 괜찮은 남자라고 생각할 거야. 이렇게 저녁을 먹고 나서는 바깥으로 나갈 거야. 아마 다음에 만날 때는 진도가 빨리 나가서 키스까지 하게 되겠지."

하지만 실제로 이렇게 되는가? 그렇지 않다. 사람과 사람 사이의 상호작용이 늘 선형적이지만은 않기 때문이다. 그런데도 마케터들은 이런 사실을 무시한다. 예를 들어 제약회사는 어떤 사람이 자기 증상을 인식하는 것에서부터 의사에게 진료를 받기까지의 경로를 직선으로 그리면서 그것이 이상적인 길이라고 판단한다. 또 소매유통업자는 방문자가 장바구니에 물건을 추가하게 만드는 것이 실질적인 구매로 이어지는 핵심 단계라고 판단하기도 한다.

이렇게 판매 경로의 각 단계가 논리적으로 정리되면 그 단계들을 최적화하는 방향으로 홍보가 진행된다. 마케터는 자기가 상대하는 소비자는 자신이 예상한 방식으로 반드시 행동한다고 여긴다. 그러나 이는 잠재 고객을 실질 고객으로 전환하는 판매 경로가 아니라 자신의 믿음에 고객의 행동을 끼워 맞추는 자기충족적 예언일 뿐이다.

그 자동차 회사의 경우 개인 맞춤형 특별주문자를 대상

으로 한 광고와 그에 따른 결과에 주목했다. 고객이 선택한 모델의 가격이 높을수록 마케팅팀은 고객을 최종 구매 단계까지 데려온 광고 채널을 높이 평가한다. 회사로서는 그걸로 끝이었다. 판매 경로를 만들고, 높은 가격대의 모델에서 낮은 가격대의 모델까지 방문자(잠재 고객)를 안내하기 위해 최선을 다했고 나머지는 딜러의 손에 맡겼다. 이 딜러는 최종 구매 과정을 담당하는 주체로서 회사가 편의적으로 선별한 사람들이었다.

그런데 판매 관련 수치가 움직였음에도 그 수치는 기대치와 전혀 맞지 않았다. 그러자 여기저기서 온갖 변명들이 쏟아졌다. "딜러가 실수해서 일을 망쳤다." "고객이 차량을 구매했지만, 우리는 이에 대해 어떤 말도 들은 적이 없다." "온라인 매출 비중은 전체 매출 중 아주 적으며, 소음이 너무 커서 우리는 그 소음 가운데서 의미 있는 신호를 포착할 수 없었다."

이렇게 해서 마케팅 최적화는 데이터 차원이라기보다는 믿음 차원에서 더 많이 행해지는 일종의 의식 절차가 되고 말았다. 데이터는 내내 전혀 다른 생각을 속삭이고 있었다. 그 회사의 문제는 고객이 그들의 생각대로 움직일 거라는 자기충족적 예언이었는데 그들은 이 문제를 곧바로 해결할 필요가 있음을 인식하는 데서 출발해야 했다.

마침내 그들은 자기들이 설정한 여러 가정을 실험으로 확인하고자 했다. 그리고 특별주문자와 실질적인 구매 사이의 상관성이 없다는 사실을 확인했다. 회사에서 특별주문자라고 생각했던 사람들은 정말 더 많은 수익을 가져왔을까? 실험과 설문조사 자료에 따르면 그 특별주문자들은 꿈의 자동차를 갖고 싶었던 10대들로, 그저 열망을 표현했을 뿐 실제로 구매 의향이 있는 구매자가 아니었다. 결국 마케터들은 "나는 기본 모델을 살 돈도 없다. 그렇지만 2만 달러짜리 자동차 부품을 달고 싶다. 아, 그리고 문에도 가죽 장식을 붙이고 싶다!"라고 말하는 사람들을 위해 수백만 달러의 광고비를 들인 것이다. 그들은 자동차를 사지 않았다.

마케터들은 잘못된 힌트에 사로잡혀 있었다. 맞춤형 차량을 원하는 특별주문자들을 머릿속에서 상상하고, 이들이 자기와 대화를 나누고 싶어 한다는 믿음에 빠져버린 것이다.

그렇다면 올바른 힌트는 무엇이었을까? 마케터들은 상당한 노력을 들인 뒤에야 비로소 소비자의 의향을 파악하기 위해서는 재무 정보를 찾는 것이 훨씬 더 믿을 만한 접근임을 깨달았다. 그들이 특별주문자라고 생각했던 고객 중에는 자동차 판매 웹사이트에 있는 재무 관련 항목을 찾아본 사람이 아무도 없었다. 구매 직전 단계까지 가는 사람들이라야 할부 조건의 연이율을 따지거나 임대 조건을 확인하기 때문이다. 이것이 그 회사가 가장 유망한 잠재 고객이라고 여겼던 사람들이 나누고자 했던 대화다. 이 힌트를 포착한 뒤부터는 매출 관련 수치들이 의미 있는 방향으로 움직이기 시작했다.

구글이 힌트를 발견하는 방식

이런저런 질문을 하는 것만으로는 충분하지 않다. 사람들은 정답을 모를 수도 있고 솔직하게 대답하는 일에 관심이 없을 수도 있다. 예를 들어 사람들에게 당신의 사업에 대해 어떻게 들었는지 물어본다고 치자. 그러면 당신이 사용하지도 않은 광고 채널을 언급하는 사람들이 분명히 있다. 설문조사를 하면서 "빨간 공은 무슨 색인가?"라고 물었는데 다섯 명 가운데 한 명 꼴로 오렌지색이라는 대답이 돌아온 것이다. 한숨이 절로 나올 테지만 당신은 다른 힌트들로 구성된 여러 조합을 보고 (이는 작은 것들이 놀라운 방식으로 모여 있는 조합이다) 대화를 이어갈 수 있다.

소매유통업자들에게 해마다 6,400억 달러가 넘는 손실을 안겨주는 반품 현상을 예로 들어보자.[1] 자, 이 문제를 해결하기 위해 소매유통업자는 어떻게 해야 할까? 구매 고객에게 구매품을 나중에 반품할 것인지 **물어볼** 수는 있다. 그러나 구매자 중에는 그 정도로까지 자신의 선택이 잘못되었음을 솔직하게 인정할 사람이 많을 것 같진 않다. 하지만 몇 가지 확실한 힌트가 표면 아래에 숨어 있다. 상습적인 반품자의 구매 내역 그리고 동일 제품을 여러 가지 사이즈로 주문한 경우가 그런 힌트다.

한 연구 결과에 따르면 옷을 구매하는 경우 구매자가 옷감의 질감을 확대해서 보거나 이리저리 돌려가며 여러 방향에서 살피는 구매자라면 반품 가능성이 낮다고 한다.[2] 따라서 이렇게 하는 사람들은 자기가 구매하는 제품에 대해 더 많은 정보를 원한다고 볼 수 있다.

구글은 B2B 환경에서 이와 똑같은 문제에 직면해 있다. 구글 워크스페이스Google Workspace는 구글 클라우드의 대형 제품들 가운데 하나로, 지메일과 같은 기업 버전의 소프트웨어가 포함된 협업 패키지다. 유료 광고는 대부분 새로운 사용자를 유도하지만 30일 무료 평가판의 경우 마케터는 4주면 잠재 고객과의 대화가 성공적으로 잘 이뤄지는지 확인할 수 있다.

마케터는 사람들에게 해당 제품의 구매를 얼마나 진지하게 생각하는지 물어볼 수 있다(그러나 그들이 아직 제품을 사용해보지 않았을 수도 있다).

Google Workspace

시작하기

회사명

당신을 포함한 직원의 수

○ 나 혼자

○ 2~9명

○ 10~99명

○ 100~299명

○ 300명 이상

지역*

미국 ▼

다음 단계

또한 마케터는 사용자의 조직 규모가 어떤지 물어볼 수 있다(지금까지는 이 질문의 대답이 많은 것을 드러내지 않았다).

그런데 질문이 계속 이어지다 보면 대화가 일종의 조사로 바뀔 수 있다. 사람 마음이란 게 원래 그렇지만 누군가로부터 조사를 받고 싶은 사람은 없다(이런 사람들은 등록 신청 과정에 짜증을 내고는 웹페이지에서 나가버린다).

마케터는 이렇게 하지 않고 지금까지의 대화에서 어떤 일들이 있었는지 분석한다. 지금까지 구글 워크스페이스의 웹사이트를 방문한 횟수, 웹사이트에서 읽은 페이지의 수 및 머문 시간, 웹페이지를 방문한 시간대가 근무 시간대인지 여부, 사용 설명서를 읽었는지 여부, 사용자가 자기 팀의 다른 사람을 이 평가판에 추가했는지 여부 등을 확인하고 분석한 후에 다음 질문을 분석 테이블에 올려놓는다.

'이 사람들은 구글 워크스페이스 서비스를 구매한 사람들과 얼마나 비슷할까? 이 사람들에게서 확보한 힌트들이 우리에게 말해주는 것은 무엇일까?'

마케터는 해당 고객과 나누었던 모든 대화를 살펴보며 이미 서비스를 구매한 고객과 나누었던 대화와 비교한다. 그리고 이런 분석을 토대로 새로운 고객이 계속 남아 있을지, 떠나갈지를 예측한다. 마케터는 복잡한 힌트를 읽는 법을 배운 덕분에 홍보 캠페인을 최적화하는 데 걸리는 시간을 45일에서 단 이틀로 줄일 수 있다.

다른 관계는 어떨까? 고객이 제공하는 복잡하고 때론 터무니없어 보이는 힌트들에는 다음과 같은 것들이 포함된다.

- 일부 신용카드의 경우 특별할인 혜택을 제공하고 7~10일 정도 지난 뒤에 이것을 사용하는 사람들이라면 첫 1년 이후에도 해당 서비스를 유지할 가능성이 상대적으로 높다. 이런 고객은 무료 상용 마일리지 같은 특별할인 혜택에 흥미를 느끼지만 단지 이것만이 그들이 해당 서비스를 구매하는 동기는 아니다. 즉시 서비스에 가입하는 사람들은 거절할 수 없을 정도로 좋은 제안에 펄쩍 뛰었을 수도 있고, 애초에 신용카드 회사가 자기의 신용을 인정했다는 사실에 깜짝 놀랐을 수도 있다. 그러나 이들은 몇 달 지나고 나면 사라져버릴 가능성이 상대적으로 높다.

- 고객이 장바구니에 상품을 추가하는 것은 주목해야 할 일이지만 이 물품들은 클릭 한 번으로 얼마든지 사라질 수 있다. 이럴 땐 스토킹 광고(검색어를 기반으로 잠재적 구매자를 따라다니는 광고―옮긴이)를 지나칠 정도로 많이 하지 마라. 단 큐레이션curation 행위, 즉 장바구니 목록을 수정하는 행위는 쇼핑객이 실질적 구매 시점으로 점점 다가가는 신호이니 놓치면 안 된다.

이게 다 무슨 뜻일까? 이런 감각이나 통찰은 어떤 고객이 어떤 상품을 구매하거나 그 사이트를 영원히 떠나기로 할 때 (즉 구매와 관련된 결론에 도달하기까지) 그와 마케터 사이에 대화가 어떻게 진행되는지 이해하는 데 필수적이다.

또한 고객이 보내는 신호가 자기가 찾는 신호가 아닐 수도 있음을 알아야 한다. 당신 사업과 관련된 신호는 아직 저만치 바깥에 있을 수도 있으므로 더 정확하고 중요한 신호를 찾아야 한다. 그러면 더 중요한 신호를 찾는 방법을 알아보자.

어떻게 신호를 찾을 것인가

문제의식을 갖고 시작하라

고객의 니즈를 발견했다고 섣불리 서비스를 시작하지 마라. 다시 말하지만 제발 그러지 마라. 반드시 대답해야 하는 질문을 생각하는 것에서부터 시작하라. 예를 들면 이런 질문들이다. '이 고객이 앞으로 30일 이내에 이 상품을 구매할 가능성은 얼마나 될까? 내가 제공하는 서비스를 구독할까? 내게 도움을 청할까? 해당 상품의 기능을 업그레이드해야 할까? 수익성이 있을까(혹은 없을까)?'

이 질문을 한 다음에 적절한 해답을 채택하라. 그리고 필요한 경우 당신의 사업이나 회사가 나아갈 방향을 조정하라. 적어도 그 질문들에 대한 해답을 알고 있다면 말이다.

신호와 소음을 판별하라

어떤 마케터들은 스프레드시트를 사용해서 간단한 상관성을 확인한다. 이들은 모든 행에 대화(또는 거래)를 기입하는데 예를 들면 다음과 같이 한다. 첫째, 그 기능은 회사에 어느 정도 가치가 있는가? 둘째, 구매자들은 모바일 앱으로 주문했는가? 셋째, 그들은 우리 웹사이트에서 이 특별한 기능을 사용했는가? 이렇게 하다 보면 매출 성적은 높아지고 결과가 가지런하게 정리된다. 또 여기서 주문하고 이 기능을 사용한 사람들일수록 반품률이 낮다는 사실도 알 수 있다.

하지만 이처럼 간단히 상관성을 파악할 수 있는 사항 외에 다른 것들에 대해서는 좀 더 강력한 뭔가가 필요하다. 어떤 신호들이 중요한지, 어떤 신호들이 사실은 소음에 지나지 않는지 알아차리기 위해 커다란 하나의 조합 속에서 작동하는 수백 개나 수천 개, 아니 수백만 개가 될 수도 있는 제각기 다른 신호들을 걸러낼 어떤 방법이 필요하다는 말이다.

예를 들면 머신러닝machine learning이 우리를 대신해서 이 일을 할 수 있다. 머신러닝이라고 해서 미리부터 겁먹을 필요 없다. 당신도 얼마든지 할 수 있다.

머신러닝이 복잡하고 기술적으로 어려워 박사 수준의 과제일 수도 있음을 잘 안다. 하지만 이걸 어렵다고만 생각할 필요는 없다. 우리가 들고 다니는 스마트폰의 처리 능력은 인간을 달에 올려보낸 아폴로 컴퓨터의 처리 능력보다 대략 1만 배나 높다. 그렇다고 해서 스마트폰으로 로켓을 만들어야 한다는 뜻은 아니다(일론 머스크라면 얘기가 달라지긴 하겠지만).

숙련된 전문가가 프로그래밍한 머신러닝은 자율주행 자동차를 안내할 수 있다. 또 게임을 그 누구보다 잘할 수 있을 뿐만 아니라, 손으로 직접 해야 하는 지루한 단순 작업 몇 가지를 우리 대신 할 수도 있다. 고객이 당신의 웹사이트에 들어가 수천, 수만 가지 행동을 했다고 해도 그저 데이터를 확보해서 컴퓨터의 연산 시스템에 결합시키기만 하면 된다. 그리고 이렇게만 말하면 된다.

"이봐, 똑똑한 컴퓨터과학 데이터 아무개 씨! 이런저런 행동이 여러 가지 있는데 그중에서 뭐가 중요한지 가르쳐줘!"

이런 일들은 정확하게 어떤 식으로 이뤄질까? 있는 그대로 말하면 우선 사람이 프로그램에 소스 데이터source data('고객들에 대해 우리가 관찰한 모든 것이 있으니 잘 살펴봐라')와 결과(예를 들면 매출액이나 고객생애가치, 만족도 등)를 제공한다. 그러면 머신러닝이 각 대화의 결과를 예측하거나 최상의 결과를 위해 최적화할 수 있는 고객의 여러 특성 조합을 파악한다.

데이터에 주의하라

많은 머신러닝 프로젝트에서 전체 시간의 80퍼센트는 사실 데이터를 삭제하는 데 쓰인다. 놀랍지 않은가? 이런 상황은 마케터의 사기를 꺾기에 충분하다. 그렇게 삭제해야 하는 데이터 중에는 존재하지도 않은 곳에 제품을 배송했다는 기록도 있고, 문을 열지도 않은 매장에 제품을 팔았다는 기록도 있으며, 그저 할인 쿠폰을 한 장 더 받겠다는 목적으로 고객이 하나 더 만든 이메일 주소도 있다.

점점 쉬워지고는 있지만 모든 머신러닝은 지금도 여전히 많은 이에게 어렵고 혼란스러운 시련의 과정이다. 그렇기에 한 번에 한 걸음씩 나아가야 한다. 다음 단계로 넘어갈 때는 거래 분석 데이터나 웹 분석 데이터처럼 건전한 상태임을 확인한 데이터를 기반으로 차곡차곡 쌓아가자. 그러면서 그 데이터가 어떤 유용한 정보를 드러내는지 확인하고 쓸모없는 데이터를 털어낸다. 그런 다음 더 깊은 통찰을 얻기 위해 데이터를 확장해가도록 한다.

목표를 설정하라

앞으로 180일 동안, 처음 사업을 시작할 때 했던 질문의 정답을 찾는 데 필요한 자료들을 수집해보자. 당신에게 해답을 알려줄 힌트는 무엇일까? 이는 얼마든지 도전해볼 만한 과제다. 목표가 설정되어 있으므로 앞으로 내릴 의사결정 및 타협은 여기에 맞춰질 것이다. 이제부터는 끝까지 파고들어서 사업의 문제가 무엇인지 파악하고, 물어야 할 질문을 철저하게 고민하며, 문제의 해답을 찾는 데 필요한 데이터를 끌어내고 정리하는 방법을 익혀야 한다.

내가 의뢰를 받아 함께 일했던 회사들 가운데 프로젝트 완료까지 시간이 가장 짧게 소요된 경우라고 해도 나흘이나 걸렸다. 이렇게 시간이 많이 드는 이유는 회사의 데이터 담당자들 때문만은 아니다. 그런 테스트를 하다 보면 머신러닝이 어렵다는 게 문제가 아님을 알 수 있다. 당신의 발목을 잡는 건 재능 부족이나 데이터 부족이 아니라 회사의 내부 과정(프로세스)에 있다. 즉 협업을 통해 문제가 무엇인지 확인하는 것, 데이터를 정리하는 것, 승인 절차를 통과하는 것, 고객을 위한 솔루션을 실시간으로 구현하는 것 등이다. 과감하게 달려들어 시도하고 배워라. 이렇게 첫 번째 라운드를 통과하고 나면 다음에 올 장애물이 무엇인지 파악하고 다시 목표를 설정하라. 그리고 돌파하라.

똑똑하게 데이터를 수집하기

보통 마케터들은 머신러닝과 같은 기술적인 프로젝트는 해당 전문가에게 재빨리 떠넘겨 그 프로젝트를 운용하게 한다. 그러나 이렇게 해서는 안 된다. 어디서 힌트를 포착해야 하는지, 자기가 배운 것을 고객과의 대화에 어떻게 적용할지 판단하는 역할은 마케터의 몫이다. 이와 관련해 마케터가 우선적으로 따라야 할 몇 가지 행동 지침을 정리하면 다음과 같다.

측정하라, 늘 측정하라

애매할 것도, 모호할 것도 없다. 그저 확인한 결과를 꾸준히 측정해서 지표 데이터를 쌓아가기만 하면 된다. 만일 누군가가 당신의 회사나 상품에 대해 얼마나 자주 말하는지(입소문을 내는지), 당신의 브랜드를 어떻게 생각하는지 예측하려 한다고 치자. 이때 당신에게 필요한 것은 바로 결과를 측정할 수 있는 믿을 만한 방법이다. 이런 방법이 없다면 예측이 어느 정도 정확한지 알 수 없다. 또 자기가 예상한 내용이 실제로 실현될지 어떨지 알 방법도 없다.

전 세계를 탐구하라

예식장 단상에 선 신랑과 신부만 만나본 사람이라면 실제 데이트나 연애에 대해 그다지 많은 것을 알지 못한다. 오로지 한 장소에 있는 한 가지 유형의 사람들만 봤기 때문이다. 머신러닝도 마찬가지다. 아무리 머신러닝이라고 해도 내용을 입력하지 않는 한 새로운 사실을 알려주진 않는다.

다양한 유형의 질문과 가정에 도전하고, 해답이 시사하는 내용이 무엇인지 확인해야 한다. 세상의 온갖 것을 직접 경험해보고 그 내용을 입력하자. 사무실이 아니라 바깥으로 나가서 다양한 사람들을 관찰하고 그들과 인사를 나눠라. 이는 편견을 제거하는 또 다른 방식이며 유도성 질문, 즉 나중의 결과에 영향을 미칠 수 있는 질문을 피하는 방법이다.

편견은 당신이 수집한 데이터로 모든 것을 예측할 수 없다는 한계에서 비롯된다. 우리는 과거에 나누었던 대화의 유형들만을 가지고 예측할 수 있다. 당신이 사람들에게 다가가려고 할 때 몇 가지 방법들만 사용했다는 점, 당신이 특정한 유형의 사람들에게만 초점을 맞췄다는 점 역시 올바른 예측을 하지 못하도록 방해한다. 군이 내가 이런 지적을 하는 이유는 한 공간에서 할 수 있는 일의 한계를 분명히 알려주고 싶기 때문이다. 또한 새로운 영역을 탐색하고 관련 데이터를 수집하며 전과 다른 시도를 할 때 대화가 어떻게 전개되는지 이해하라고 격려하기 위함이다.

이미 만들어져 있는 것을 이용하라

소비자 행동의 몇 가지 측면은 예측할 수 있다. 이 책의 몇몇 장에서는 단지 대화를 이해하는 것뿐만 아니라 전체 관계의 가치를 이해하기 위한 통계 모델을 소개한다. 이 모델 유형들은 머신러닝보다 나을 수 있으며 또 이미 만들어져 있다. 이런 모델 유형들을 활용하면 자신의 데이터가 그만큼 덜 필요해진다. 그러니 이런 점들을 고려해서 선택할 수 있는 최단 경로를 택해 해답을 찾아 나서자.

얼마나 많은 기업이 잘못된 이유로 머신러닝에 눈을 돌리는지 알면 깜짝 놀랄 것이다. 그 기업들은 "내가 직접 그 모델을 만들 거야. 우리 회사는 다른 회사와 다르고, 우리가 고객과 나누는 대화는 특별하거든"이라고 말한다. 충고하건대 군이 그럴 필요가 없다. 때로는 아무것도 없는 상태에서 출발하는 머신러닝 프로그램보다 기존 모델들이 성능이 좋다는 사실을 알아야 한다. 이 현실을 받아들이면 머신러닝에 들이는 많은 시간과 좌절감을 줄일 수 있다.

마케터가 해야 하는 일은 모든 모델과 기법이 어떻게 작동하는지 아는 게 아니다. 세상에 어떤 것들이 있는지 알고, 이 것들을 회사의 데이터 분석가들에게 연결해주는 것이다. 절충적인 방안을 찾아야 한다는 뜻이다. 이 분야에서 나타나는 새로운 아이디어, 즉 학술지나 학술회, 연구논문 등에 언급되었지만 아직 상업화되지 않은 아이디어에 관심을 기울여보자. 처음에는 요약된 내용을 읽고 마지막에는 관리 영역과 관련된 시사점을 확인하는 식으로 시작하면 된다. 마음을 열어 자신의 그릇을 키우도록 하자. 데이터 과학자와 데이터 분석가가 절충안을 마련하도록 유도하라. 그 밖의 모든 것과 관련해서는 머신러닝이 시간을 절약해줄 것이다. 현명하게 선택하라.

상황은 늘 변하기 마련이다

이 장의 첫머리에 소개했던 자동차 회사는 메시지의 초점을 바꿨다. 고객이 새로 구매할 자동차의 대금을 어떻게 지불할 것인가로 대화를 유도하는 데 마케팅의 초점을 맞춘 것이다. 그러자 매출이 개선되었고 그 효과는 상당했다. 모든 것이 잘 진행되는 듯했다.

그런데 이런 상황이 어느 시점에서부터인가 바뀌었다. 그 회사의 웹사이트를 방문한 순간 나는 그 이유를 알 수 있었다. 대출 서비스 안내가 **웹페이지를 도배**하다시피 뒤덮고 있었던 것이다. 화려하고 멋진 자동차 사진들이 사라지고 그 자리를 온갖 대출 광고가 차지하고 있었다. 여러 대리점의 위치를 알려주던 공간은 다양한 선택지의 대출을 계산하는 공간으로 바뀌었다. 실행 요청 버튼, 이메일 홍보, 소셜미디어 게시물 등도 모두 고객이 차량을 구매하는 데 필요한 자금을 조달하는 온갖 방법을 홍보하고 있었다. 이제는 업데이트된 데이터를 기반으로 해당 모델을 재실행할 때다. 더욱 최신의 데이터가 필요한 시점이 된 것이다.

마케터들은 최적화 노력을 늘 기울인다. 고객이 구매 자금을 마련할 수 있는 방법과 관련된 관심이 매출을 높이는 척도가 되자 그동안 구매를 높이기 위해 사용했던 자동차 내부 사진이나 시트, 대리점 위치 등은 뒷전으로 밀렸다. 이런 모습은 어느 날 모든 사람이 좋아하는 옷을 입고 거리에 나서는 것과 같다. 이 옷은 며칠 혹은 몇 주 계속해서 입을 수 있지만 일정한 시점이 지나면 상황은 달라진다. 소비자의 취향은 바뀌기 마련이고 시장들과 경쟁자들도 마찬가지로 변한다.

어떤 통찰이라도 영원한 진리로 남을 수는 없다. 끊임없이 질문하고, 테스트하고, 의미 있는 신호를 찾아야 한다. 오늘

사용할 수 있는 것을 사용하되 내일에 맞는 해답을 찾아야 한
다는 것을 기억하라.

수많은 힌트, 때로는 상충하기도 하는 힌트들이 담긴 수백 개의 대화 속에서 어떤 것에 관심을 가져야 하는지 이해하고 고객의 요구를 예측하며 이를 토대로 행동하기는 쉽지 않다.

이 모든 것을 순조롭게 진행하는 데 머신러닝이 도움이 될 것이다. 사업 기회를 포착하는 것부터 시작해 민첩하게 행동하라. 그러면서 과거에 했던 행동들이 미래에 대응할 방식에 어떤 영향을 줄지 늘 주의하라. 그리고 '실천'하라. 이것이 핵심이다.

Chapter 6

대화의 주도권을 잡아라

어째서 그런지는 잘 모르겠지만 나는 여러 기업과 판매 사이트에서 '매우 중요한 사람', 즉 VIP로 대접받는다. 우선 무료배송, 우선 할인, 전용 쿠폰 등의 혜택을 누리는 최고 단계의 고객이다. 적어도 어떤 소매유통점이 보내준 이메일에서는 그렇게 말하고 있었다. 아내는 지난 1년 동안 같은 소매유통점에서 30차례 가까이 구매했지만 나와 다르게 VIP가 아니다. 아내는 내가 받는 혜택을 받을 수 없다.

이런 사실이 나는 무척 뿌듯했다. 나는 여느 소비자처럼 그 소매유통점에서 양말을 샀고 셔츠도 샀다. 혹시 내가 산 제품의 이윤이 유난히 높았을까? 남성 의류가 그들의 주요한 판매 품목이었을까? 아니면 그냥 내가 더 호감이 가는 사람이었을까? 나는 고객 리뷰를 남길 때 이모티콘을 많이 쓰는 편인데 그런 점이 VIP를 정할 때 영향을 미치는 걸까? 그런데 다른 소매유통점에 근무하던 친구 하나가 그 석연찮음을 한 방에 정리해주었다.

"너는 그 소매유통점에 비용을 많이 부담시키는 고객이라서 그런 거야!"

그랬다. 나는 좋은 고객이 아니라 나쁜 고객이었다. 선도적인 기업은 고객과의 대화를 측정할 때 비용도 함께 측정한다. '이 고객과의 상호작용에 따른 비용은 건당 얼마이며, 총비용은 얼마일까?' 어떤 회사는 고객과 통화하는 데 들어가는 시간을 1분 단위로 측정해서 고객 담당자의 시간 비용에 곱하고 누계를 기록한다. 그리고 이것으로 그 고객이 과연 노력을 들일 가치가 있는지 판단한다.

나를 VIP로 분류한 그 소매유통점도 그랬지만 그들은 고객과 나누는 대화의 광고비에 초점을 맞췄다. 그들은 내가 광고를 클릭하는 횟수를 세고 있었다. 가격이 할인되기를 기다리며 구매를 망설이곤 했던 나는 광고를 클릭한 횟수가 평균 고객에 비해서 많았다. 즉 그들에게 나는 수익을 갉아먹는 나쁜 고객이었다.

그래서 그 회사의 마케팅팀으로서는 결단을 내려야 했다. 그들은 내게 광고를 보여주는 것을 중단해서 비용을 줄이고, 내가 광고를 거치지 않고 직접 웹사이트로 찾아오기를 바랐다. 이런 선택은 내가 경쟁자에게 넘어갈 수도 있다는 위험을 무릅쓰는 것이다.

나는 그 회사의 수익을 갉아먹는 고객이긴 했지만 여전히 이익이 남는 고객이었다. 그래서 그들은 나를 대화의 장으로 끌어내 보다 많은 이익이 발생하는 방향으로 내 행동을 유도하는 대응 방식을 취했다.

그들은 나를 비롯한 고비용 고객을 따로 초대해서, 우리만을 위한 전용 웹페이지를 이용할 때만 접근할 수 있는 특별한 혜택을 누리게 했다. 만약 내가 광고를 클릭해서 공식 웹사이트로 접근했다면 아마도 그들은 나를 VIP가 아니라 내 아내처럼 평범한 일반 회원으로 대할 것이다. 그런데 내가 그들에게 아무런 비용을 부담시키지 않는(즉 유료 광고를 거치지 않는) 특별 웹사이트를 직접 방문하면 나는 VIP 고객이 된다. 이제 나는 그들의 비밀을 알고 있다. 그리고 나는 여전히 매우 특별한 존재라고 느낀다.

대화가 곧 매출이다

상대방이 하는 말을 듣고 그 내용대로 뭔가가 일어나기를 기대하기만 해서는 부족하다. 대화가 흘러가는 방향에 영향을 미치려면 무슨 말이든 말대꾸를 해야 한다. 하지만 마케터들은 대부분 딱 두 가지 말밖에 하지 않는다.

"바로 여기에 제가 처음에 말했던 바로 상품이 있습니다. 사겠습니까?"

"사지 않아도 좋습니다. 그렇지만 지금부터 당신이 구매 버튼을 누를 때까지 어디를 가든 모든 인터넷 공간에서 당신을 따라다닐 겁니다."

마케터가 고객과의 대화에 빨리 참여할수록 그리고 답변이 좋을수록 그 대화가 고객의 마음에 들 가능성은 더 커진다. 이는 단지 비용이 더 많이 지출되는 것을 방지하려는 차원의 문제가 아니다. 비용 문제도 중요하지만 회사의 이야기를 들려주고 고객과의 신뢰를 쌓으며 매출을 높이는 것이 더 중요하기 때문이다.

나를 VIP 프로그램으로 초대하면서 소매유통점이 했던 말을 달리 표현하면 이렇다.

"우리끼리 따로 놀아도 좋아요. 별 세 개짜리 고급 레스토

랑? 그런 데는 가고 싶지도 않습니다. 그냥 편하게 맥주에 샌드위치 어때요?"

이런 이야기를 그들은 다른 표현으로 했을 뿐이다.

대화를 유도하는 방법

모든 상황에서 고객과 무슨 대화를 해야 한다고 하나하나 말해줄 수는 없다. 내가 당신의 귀에다 작은 마이크를 대고 속삭이는 걸 원하지 않는다면 말이다(당신도 이걸 바라지는 않을 것이다. 난 너무도 많은 세부 사항을 말해줄 테니까 말이다. 그것도 속사포처럼!). 따라서 여기서부터는 읽고 영감을 얻을 수 있을 만한 몇 가지 사례를 제시하겠다. 참고로 이 사례들은 단순한 것부터 시작해서 점점 더 복잡해진다.

모든 데이터를 최신으로 유지하라

사실 이는 소수의 웹사이트만 지키는 원칙이다. 나머지 웹사이트들은 방문자가 처음 가든, 백 번째 가든 메시지와 내용과 경험이 늘 똑같다. 방문자가 가장 많이 볼 수 있는 것은 간소한 추천 엔진이다.

"지난번에 방문했을 때 이것을 봤는데, 다시 한번 더 보시길 추천합니다."

또는 개인적인 인사말도 있다.

"○○○ 님, 재방문을 환영합니다."

인사말은 거기에서 끝나고 만다. 하지만 대화에서는 사용자의 경험을 개인별 맞춤형으로 만들어야 한다. 만약 고객이 처음 방문하는 경우라면 당신 입장에서는 지금 당장 어떤 상품을 구매하라고 강요하고 싶지 않을 수 있다. 이 경우에는 이렇게 말한다.

'우리 제품을 소개해드립니다. 이 제품들이 얼마나 가치가 있는지 알려드립니다.'

열 번째 방문하는 사람에게 제시하는 메시지는 아마도 구매를 유도하는 힌트일 것이다. 변용은 끝이 없을 정도로 많다. 어쨌거나 기본적인 원칙은 방문자가 몇 번째 방문하는 것이냐에 따라 메시지가 달라져야 한다는 점이다.

말을 아껴라

앞서 1장에서 한 웹사이트를 262번째 방문하고 나서야 비로소 450달러짜리 신발을 샀던 구매자 이야기를 했다. 우리는 회사 내 설문조사를 통해 온라인 쇼핑객의 2~3퍼센트가 그런

부류지만 이들이 전체 광고비 지출의 10퍼센트를 발생시킨다는 사실을 확인했다. 이 쇼핑객들은 비록 어떤 상품이든 산다고 해도 결국에는 온라인 판매자에게 비용을 발생시킨다.

너무 많은 시간과 자원을 잡아먹거나 반품을 너무 많이 하는 고객을 찾아내야 한다. 그리고 이들 때문에 지출되는 비용을 조금이라도 줄여 다른 곳에 쓸 방법을 찾아야 한다. 광고 플랫폼들을 통해 그다음 마케팅 캠페인 때나 대화의 특정 시점 이후 이들을 배제해보자. 그리고 그들이 광고를 거치지 않고 스스로 웹사이트에 찾아오는지 관찰해보자.

일찍 떠나버리지 마라

앞서 우리는 어떤 대화에서 다음에 어떤 일이 일어날지 예측하기 위해 데이터를 사용하는 것을 살펴봤다.

어떤 호텔은 한 프로젝트에서 의미 있는 고객 행동 패턴을 발견했다. 예약 고객들이 예약일 며칠 전에 웹사이트를 방문하곤 했는데, 이 경로는 자주 유료 검색 광고를 경유했다. 그러나 사람들은 또 다른 예약을 하는 게 아니라 며칠 뒤 예정된 숙박과 관련된 세부 사항을 확인하기만 했다. 그 바람에 호텔은 해마다 광고비 14만 달러를 낭비해야 했다.

이런 상황에서 호텔이 내놓은 해결책은 예약 시간 72시간

전에 호텔의 위치, 공항에서 찾아오는 길, 전화번호 등 고객이 여행에 필요로 하는 모든 정보를 이메일로 보내는 것이었다. 그리고 이 이메일의 상단에는 '모든 것이 확인되었습니다. 더 해야 할 것이 없습니다'라는 커다란 배너를 넣었다. 정말 멋진 해결책이 아닌가? 물론 이메일은 무료였다. 그리고 호텔은 예전보다 더 많은 돈을 **손해 봤다.**

잠깐, 뭐라고? 나중에야 밝혀진 사실이지만 호텔이 보낸 이메일 덕분에 여행객은 굳이 투숙과 관련된 세부 사항을 따로 확인하지 않아도 되었다. 하지만 그와 동시에 그 예약을 오래전에 취소했다고 생각했던 건망증이 있는 사람들의 쓸데없는 낭비까지 막아주었다. 결국 그 호텔은 클릭 광고에 들어가는 0.05달러를 절약했지만 예약 취소로 200달러를 잃었다.

그 후 호텔은 누가 예약을 취소할 것인지 예측하는 방법을 배웠고, 예약을 취소할 것으로 예측되는 사람들을 이메일 알림 대상에서 제외했다. 잘 듣고 질문하고 배우는 것이 요령이다. 이것이 어렵다거나 하기 싫다면 아무것도 하지 않고 손해를 보면 된다.

고객과의 대화가 어떻게 전개될지 알지 못하기 때문에 그 대화들은 흥미로울 수밖에 없다. 그러나 우리가 해야 할 부분이 있는데 바로 무슨 말을 할지 선택하는 것이다. 이 선택에 따라 비용을 줄일 수도 있고 결과에 큰 영향을 미칠 수도 있다. 수동적인 관찰자가 아닌 그 이상의 역할을 해야 할 때다. 그리고 모든 고객이 똑같이 창조되지 않았음을 깨달아 제각기 다른 고객에 맞춰서 행동해야 한다. 바로 이 내용이 우리의 다음 행선지다.

Part 2

관계

어떻게
인간의 욕망을
움직일 것인가

Chapter 7

누구의 마음을 움직일 것인가

비록 구두를 사긴 샀지만 유료 광고 클릭을 너무 많이 해서 결국 웹사이트에 손해를 끼친 고객 이야기를 할 때마다 사람들은 똑같은 질문을 한다.

"만약 그녀가 한 번 더 웹사이트로 다시 돌아왔다면요?"

"만약 그녀에게 그 브랜드를 좀 더 알아갈 시간이 필요했다면요?"

"만약 그녀가 그 브랜드에 푹 빠져서 충성 고객이 되었다면요?"

무슨 말인지는 나도 안다. 신규 고객을 확보하는 비용은 기존 고객을 유지하는 비용보다 다섯 배, 아니 25배나 비쌀 때도 있다.[1] 그렇지만 그녀가 돌아왔는가? 아니다. 그녀는 다시는 돌아오지 않았다.

우리의 궁극적인 목표는 이렇다. '모든 고객을 일회적으로 대하지 말 것, 새로운 고객을 만나는 게 어렵다는 핑계로 우리 상품에 조금이라도 관심을 보이는 사람을 처음부터 포기하지 말 것.' 이 목표의 실천은 고객과 나누는 첫 번째 대화에서부터 시작한다. 하지만 그다음에는 무엇을 해야 할까? 우유부단한 누군가에게 그의 신발이 어떻다고 이야기할 때가 아니다. 예를 들어 100명의 고객을 한꺼번에 만났다고 하자. 이 많은 사람이 모두 똑같은 가치가 있다고 보는가? 그렇지 않을 것이다. 회사에 올려주는 매출액을 기준으로 할 때 회사가 평가하는 사람의 가치는 사람마다 모두 다르다.

우리가 아는 사람들을 떠올려보자. 우선 아주 가까운 가족이 있고, 휴가철이나 명절에만 만나는 가족 또는 친척들이 있을 수 있다. 그리고 가까운 친구들, 어린 시절부터 알고 지내는 친구들이 있다. 그 밖에 우리가 어울리는 범위에 속하지 않는 사람들, 우리가 거의 알지 못하는 사람들이 있다. 우리의 삶에 존재하는 사람들은 이처럼 상대적인 중요도를 지닌다.

고객도 마찬가지인데 이들의 아주 소수만이 충성 고객이 된다. 이들은 당신의 회사에 기꺼이 돈을 쓰고 홍보도 해주며 당신을 지켜준다. 일반적으로, 우리는 우리를 아는 사람들의 20퍼센트에게서 전체 가치의(인생의 가치든, 사업적 가치든 간에) 80퍼센트를 얻는다. 바로 이 20퍼센트에 속하는 사람이 사업의 수익성과 성공을 결정한다.

비유하면 이 20퍼센트의 사람들은 만나면 좋고 함께 시간을 보내는 것이 즐거운 친구들이다. 그러나 상황에 따라 떠나가는 친구들도 있고 다가오는 친구들도 있다. 그리고 그 20퍼센트 안에는 그저 함께 있는 게 편해서 만나는 사람들도 있다(어쩌면 그들에게는 새벽 2시에 전화를 받는 사람이 당신밖에 없어서일 수도 있다). 그래도 상관없다. 그다음에는 이 20퍼센트가 아닌 사람들, 즉 오로지 이해관계만이 존재하는 사람들이 있거나 아예 만나지 않는 게 좋은 사람들도 있다.

앞으로 해결해야 할 과제는 이처럼 당신 회사의 웹사이트를 찾아오는 모든 사람이 당신의 사업에서 각자 어디에 위치하는지 파악하는 것이다. 회사는 대부분 모든 고객을 똑같이 대한다. 모든 사람에게 똑같은 양의 관심을 준다는 말이다. 그래서 모든 사람을 상대로 똑같은 판매 촉진 활동, 즉 그들을 잠재 고객에서 실질 고객으로 전환하기 위해 똑같은 노력과 비용을 들인다. 그러다 그들 중 누구라도 호의적인 반응을 보이면 흥분해서 환호성을 지른다. 모든 고객을 똑같이 사랑한다!

하지만 그러면 안 된다. 상대적으로 더 많은 가치가 있는 사람들, 즉 충성 고객을 찾아야 한다. 충성 고객은 당신을 기억하며 자신을 기억하길 바란다. 이들에게는 이름을 불러주며 환영하거나 개인별 맞춤형 이메일을 보내는 것만으로도 부족하다. 이들이 사랑받는다고 느끼려면, 당신의 인생에서 자기가 중요한 사람이라고 느끼려면 그 이상이 필요하다. 따라서 마케터는 대화를 잘 진행하는 방법을 배우는 것만으로는 부족하다. 중요한 사람들을 상대로 관계를 형성하는 방법을 배워야 한다.

Chapter 8

데이터로 현실을 파악하라

분명히 인식하든, 구체적인 수치로 측정하든 기업은 이미 고객과 관계를 맺고 있다. 문제는 수많은 고객이 그 기업을 얼마나 중요하게 생각하고 있는지 알아야 한다는 것이다.

생각해보자. 누가 가장 가까운 친구일까? 누가 그저 이름만 알고 지내는 사람일까? 할인 행사 때는 귀신같이 알고 나타나면서 평소에는 코빼기도 보이지 않는 사람은 누구일까? 지금 당장은 회사의 관심을 받지 못하지만 장기적으로 헌신할 진정한 동반자는 누구일까?

수학적인 정밀도를 자랑하며 이 질문들에 정확하게 대답할 방법이 있다. 바로 **고객 관계를 이해하는 도구인** 고객생애가치Customer Lifetime Value, CLV다. 이것은 한 기업이 고객과 맺은 관계 각각에 담긴 생애가치를 예측한다. 고객생애가치 개념은 이제 마케터에게 없어서는 안 될 중요한 척도로 빠르게 자리를 잡아가고 있다. 오늘날 마케터들은 자신이 회사에 지속 가능한 가치를 창출하고 있는지, 아니면 그저 각각의 거래를 수동적으로 따라가고 있는지 파악하고자 고객생애가치 개념을 활용한다.

고객생애가치를 측정하는 가장 쉬운 방법

고객생애가치를 계산하는 과정은 복잡하지 않다. 마치 초콜릿케이크를 굽거나 수제 맥주를 만드는 레시피를 따라 하는 것처럼 쉽다(수제 맥주 제조법은 알지 못하므로 초콜릿케이크 만드는 방법을 예로 들어 설명하겠다). 이런 유형의 만들기에 대해 사람들은 흔히 자기만의 레시피를 가지고 있으며 대단한 자부심이 있다. 그런데 내가 추천하는 레시피는 수천 명의 고객을 대상으로 검증 과정을 거쳤고, 여러 건의 연구를 통해 다른 어떤 레시피보다 탁월하다는 사실을 인정받았다.[1] 물론 모두에게 이 레시피면 된다고 하기에는 부족할 것이다. 어쩌면 당신에게도 충분하지 않을 수 있다. 그러나 고객생애가치라는 개념은 마음에 들 것이다. 그러면 지금부터 요리를 시작해보자.

1. 재료들을 모은다

재료는 세 가지 유형의 데이터만 있으면 된다. 거래 날짜와 금액(몇몇 기업은 작업을 단순하게 하려고 매출액을 사용하지만 영업이익이 더 정확한 지표를 보장한다) 그리고 여러 건의 거래를 동일 인물과 연결해주는 아이디 유형이다. 나는 이것을 고객의 이름이라고 해두지만, 고객의 아이디일 수도 있고 이메일이나 충성 고객 프로그램 번호일 수도 있다. 즉 그 고객의 구매 내역과 관련해 포착할 수 있는 모든 것을 가리킨다고 보면 된다.

그렇다면 먼저 데이터의 '양'에 대해 살펴보자. 데이터는 얼마나 많이 모아야 할까? 고객이 구매를 한 차례 한 뒤에 다음 구매를 할 때까지 기간의 여섯 배 또는 24개월 중 긴 쪽을 선택한다. 예를 들어 고객이 평균 6개월에 한 번씩 구매한다면 36개월 동안의 데이터가 필요하다. 그런 다음 이 데이터를 둘로 나눠서 처음 18개월 동안의 데이터는 모델을 보정하는 데 사용하고 다음 18개월 동안의 데이터는 그 모델을 입증하는

데이터 분석에 필요한 재료

아이디	거래 날짜	거래 금액
1234	2020/01/01	150달러
5678	2020/01/14	22달러
9012	2020/02/03	78달러
3456	2020/02/04	364달러

데 사용한다. 사용할 수 있는 몇 년 치 데이터가 더 있으면 이 데이터도 동원한다. 만약 확보한 데이터가 상대적으로 적다고 하더라도 그냥 계속 진행하면 된다. 입증 테스트validation test(정확성, 신뢰성, 적합성, 안정성 등을 확인하기 위한 테스트—옮긴이)를 통해 우리가 얼마나 근접했는지 확인할 수 있기 때문이다.

2. 재료들을 냄비에 넣는다

고객생애가치 모델 내부에서 진행되는 일들은 훌륭하지만 매우 복잡하지는 않다. 나는 작업을 단순화하기 위해 '끌어다 놓기drag-and-drop(드래그 앤드 드롭)' 방식의 간편한 온라인 도구를 제작했다. 데이터를 이 도구에 끌어다 놓기만 하면 된다. 아래 사이트에 접속해 템플릿CSV Template을 다운받으면 이 도구를 사용할 수 있다.

https://convertedbook.com/clv

사이트의 탬플릿에 데이터를 넣었다면 반대편으로 케이크가 나올 때 꺼낼 준비만 하면 된다. 그리고 마케터는 이 재료들이 구워지면서 어떤 일들이 일어나는지 학습해서, 처음부터 끝까지 모든 과정을 완벽하게 파악하면 좋다. 여러 가지 모델의 구성과 작동 방식, 개선점 등을 배우는 데 시간을 투자하라. 지금 당장은 효용성에 중점을 둘 때다. 그 모델들이 효과가 있어서 돈을 잘 벌어주는지 입증하는 게 중요하다. 여기서 스포일러 하나를 공개하자면, 그 모델들은 잘 작동하고 덕분에 곧 당신은 돈을 벌게 될 것이다. 그러나 한 차례 성공했다고 해서 더 많은 것을 배우기를 등한시해서는 안 된다.[2]

3. 케이크를 꺼내라

다른 레시피로 작업하기로 했다면 그래도 된다. 어디까지나 요리하는 사람의 마음이다. 그러나 케이크를 오븐에서 꺼낸 다음에는 표의 형식이 다음 표(120쪽 참고)와 같은지 반드시 확인해야 한다.

고객생애가치 분석 데이터

아이디	고객생애가치	예상 거래 수	예상 거래 평균 금액	예상 거래 성사 확률
1234	7,790달러	82	95달러	0.99
5678	5,250달러	100	52.5달러	0.98
9012	3,850달러	70	55달러	0.98
3456	3,416달러	28	122달러	0.95

지금까지 내 레시피를 따랐는지, 나름의 방법대로 했는지
에 따라 이 다섯 가지보다 더 많은 항목을 확보할 수 있다. 이
부분은 여기까지만 언급하고 지금은 일단 넘어가자.

각각의 고객과 맺고 있는 관계가 어떻게 전개될 것인가
하는 예측이 일단 위 표와 같은 형식으로 나왔을 것이다. 표의
아이디들은 단순히 고객의 이름으로 시스템에서 각 고객을 정
의하는 표현이다. 고객생애가치는 가장 중요한 항목으로 각 고
객이 회사에 얼마나 많은 가치를 안겨줄 것인지 따지는 영역
이다. 고객이 미래에 할 거래 횟수 예측치와 거래당 평균 금액
을 곱해서 산출한다. 예상 거래 성사 확률은 말 그대로 고객이
당신과 다시 거래할 가능성이다.

4. 맛을 보라

그렇다면 고객과의 관계가 실제로 어떻게 진행될지, 몇 달 또는 몇 년을 기다리지 않고도 예측 수치가 얼마나 정확할지는 어떻게 알 수 있을까? 우리가 데이터로 모델을 구축하는 목적이 바로 여기에 있다. 사실 이 일은 무척 어렵다. 앞에서 언급했듯이 데이터를 반으로 나눠 앞부분은 모델을 보정하는 데 활용하고 뒷부분은 모델의 정확성을 입증하는 데 사용한다. 아래 그림은 이 기간의 결과를 보여준다. 앞부분의 데이터를 기반으로 모델이 예측한 고객 행동(점선)과 뒷부분의 데이터를 기반으로 검증한 실제 행동(실선)을 비교해보자.

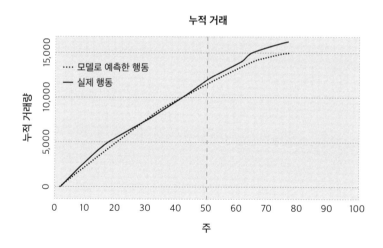

점선은 예측 결과이고 실선은 실제 결과다. 눈으로도 결과를 확인할 수 있지만 두 선 사이의 간격을 측정해서 계량화하는 편이 더 낫다(그렇다고 자를 들고 간격을 직접 측정하겠다고 나설 필요는 없다. 내가 소개한 모델은 계산도 직접 해준다). 두 개의 선이 겹칠 때는 오류율이 사실상 0이고, 두 개의 선이 벌어질수록 오류율이 높다는 뜻이다. 이 모델의 전반적 오류율을 가리켜 평균절대비율오차Mean Absolute Percentage Error, MAPE라고 한다. 만약 MAPE가 전체적으로 10퍼센트를 초과한다면 우리는 누구에게나 제공될 이 케이크의 품질을 신뢰할 수 없어 슬프지만 쓰레기통에 버려야 한다.

모든 케이크가 맛있으면 좋겠지만 실제로는 그렇지 않다. 그렇다면 왜 몇몇 케이크는 실망스럽게 구워질까? 보통 이유는 세 가지다.

첫째, 데이터가 충분하지 않아서다. 이 문제를 해결하려면 더 긴 시간에 걸쳐 더 많은 고객을 관찰한 데이터를 확보해야 한다.

둘째, 데이터의 품질이 낮아서다. 여기서 문제는 눈으로 탐지할 수 있는 형편없는 오류가 아니다. 여기저기 숨어 있어서 자동으로 탐지하기가 거의 불가능할 수도 있는 추가적인 숫자다. 마이너스 가치(손해)도, 새로운 고객을 끌어들이는 목적으로만 존재하는 반품 또는 로스리더loss leader(원가 또는 일반 판매가보다 훨씬 싼 가격으로 판매하는 상품—옮긴이)와 마찬가지로 계속 고민하고 해결해야 할 문제다. 그러나 이 문제도 얼마든지 해결할 수 있다.

셋째, 예측 가능성이 부족해서다. 어떤 고객 관계는 전적으로 무작위적이며 고객의 변동성에 따라 달라진다. 어쨌거나 사람이 살아가는 모습과 관련된 것이므로 변동성이 높을 수밖에 없다. 상황은 변하기 마련이다. 일자리를 새로 얻은 사람은 교통비 지출이 늘어나고, 일자리를 잃은 사람은 신용카드 지출을 줄이게 된다.

어떤 사람들은 맛있는 케이크를 만드는 일이 상대적으로 쉬울 수 있고, 어떤 사람들은 더 많은 시간을 들여야 레시피를 제대로 배울 수 있다. 그렇지만 노력만 하면 누구나 일정 수준에 도달할 수 있다.

5. 한 가지를 선택하라

케이크 레시피에 비유해 설명하는 것을 끝내기 전에 마지막으로 거쳐야 하는 과정이 하나 더 있다. 우리는 재료들을 모아서 케이크를 만들고 맛도 봤다. 이제는 손님에게 내놓아야 하는데 어떻게 해야 할까? 이 케이크를 통째로 데이터 분석가

고객을 세분한 고객생애가치 분석 데이터

세분 고객 집단	1인당 평균 가치	총 가치	매출점유율
1	3,200달러	283,200,000달러	81%
2	350달러	30,975,000달러	9%
3	200달러	17,700,000달러	5%
4	120달러	10,620,000달러	3%
5	80달러	7,080,000달러	2%

들에게 던져주고는 포크를 집으라고 해야 할까? 아니다. 그랬다가는 엉망진창이 되고 만다. 그전에 케이크를 나눠서 먹기 좋은 상태로 내놓아야 한다. 우리의 도구는 케이크를 다섯 조각으로, 즉 다섯 개의 세분 집단으로 나눈다.

위의 표를 보면 전체 가치의 약 80퍼센트는 상위 20퍼센트 고객에게서 나온다. 하위 20퍼센트 고객이 기여하는 비율은 5퍼센트 미만이다. '파레토 법칙Pareto's Law'으로 일컬어지는 이 80-20 분포는 고객 관계에서도 거의 맞아떨어진다. 그러나 당신의 회사는 다를 수도 있다. 예를 들어 표백제, 치약, 오렌지 주스 같은 소비재에서는 고객이 기여하는 가치가 전체 고객층에 조금 더 고르게 분포한다. 이 경우에는 상위 20퍼센트 고객이 전체 가치의 절반 정도 기여할 수 있다.

그러나 다른 산업들에서는 양상이 전혀 다르다. 심지어 어떤 산업에서는 이 분포가 상위 20퍼센트 고객에게 극단적일 정도로 쏠리기도 한다. 모바일 애플리케이션에서 애플은 앱스토어 청구 금액의 95.2퍼센트가 8퍼센트 미만의 고객 계정에서 발생한다.[3]

고객의 행동을 파악하고 그에 따라 행동하는 것이 결정적으로 중요하다. 고객을 똑같은 성향으로 묶는 세분 집단의 수와 상관없이, 이 표는 당신이 한 작업을 다른 사람들과 공유하고 그들의 이해를 도울 수 있는 가장 중요한 방법이다. **지금 당장은** 모든 고객을 동등하게 대우하고 똑같이 타깃으로 삼고 비용을 지출하지만, 이후 선별된 소수 고객과 맺는 관계에 따라 당신의 사업은 얼마든지 달라질 수 있다.

CFO를 반드시 참여시켜라

개별 고객의 생애가치를 모두 합하면 전체 고객이 당신 회사에 어느 정도의 가치가 있는지 상당히 정확하게 추정할 수 있다. 이렇게 추정하는 금액을 '고객자산가치customer equity'라고 한다.

최근에는 CFO들도 이를 관심 있게 바라보기 시작했다. 이 지표가 그 기간에 단순히 모든 판매를 추진했다는 마케팅팀의 주장보다 신빙성이 높기 때문이다.

또한 고객과의 관계를 건강하게 유지하기 위한 장기적인 투자가 중요하다는 인식도 널리 확대되었다. 아마 당신도 이런 노력을 기울여왔을 것이다. 그렇다면 그 결과를 활용해 더 큰 예산을 투입하는 사업을 마련하기 위해 관련 사례를 구축하도록 하자. 생산팀 및 영업팀의 업무를 당신이 나아가고자 하는 방향에 맞춰 더 긴밀하게 조정하고 마케팅 분야에서 더욱 단호한 의지를 다지자. 이 행복한 단어들을 실행에 옮기는 방법에 관해서는 이 책의 웹사이트를 참고하라.

모든 일은 중요한 데이터가 하나로 모이는 것에서부터 시작된다. 목적을 분명하게 세워라. 이름, 거래 금액, 날짜 등과 관련된 데이터로 쉽고 단순하게 시작하라. 그리고 고객의 행동을 예측하라. 일부 고객은 다른 고객보다 회사에 훨씬 중요한 존재임을 명심해라. 이 데이터는 앞으로도 계속 많은 돈을 벌어줄 것이므로 보물처럼 소중하게 관리하길 바란다. 다음 장부터는 이 데이터를 단순한 5분위 수 이상의 용도로 활용할 것이다. 지금까지 설명한 내용은 앞으로의 내용에 비하면 맛보기에 지나지 않는다. 앞서 나는 내 레시피로 만든 음식이 맛있을 것이라고 분명히 말했다. 자, 더 먹을 준비가 되었는가?

Chapter 9

가치가 높은 고객을 만나라

아주 오래전에 한 헤지펀드 분석가가 고객의 질에 초점을 맞춘 인터넷 회사를 창업하고자 했다. 그는 시간이 지나면 어떤 고객은 다른 고객보다 더 큰 가치를 가져다주리라는 걸 알고 있었다. 문제는 과연 그 고객들을 어떻게 찾을 것인지였다. 어떻게 하면 그들을 회사로 데려올 수 있을까? 어떻게 하면 그들과 좋은 관계를 구축해서 계속 회사 웹사이트를 찾아오게 할 수 있을까? 어떻게 하면 그들이 꾸준히 상품을 구매하게 할 수 있을까? 그러다 그는 마침내 신호 하나를 발견했다. 미국에서 자산이 많고 가처분소득이 높은 사람일수록 상대적으로 자주 구매하는 상품이 무엇인지 발견한 것이다.

바로 책이었다. 사실 그 헤지펀드 분석가는 아마존을 창업한 제프 베이조스였다. 모든 소매유통 업계 종사자들이 간과한 신호를 발견한 것이야말로 그의 탁월한 능력을 명쾌히 설명해준다. 베이조스는 부유한 쇼핑객들과 관련된 데이터를 모으는 데 그 신호를 이용하려고 했다. 하지만 다른 사람들이 보기에 그의 계획은 터무니없었다. 그들은 다음과 같이 생각했다. '책은 일용품이고 이윤이 적지. 그런데 무료 배송을 제안한다고? 이미 확고한 경쟁력을 갖춘 경쟁자들에 맞서 대체 어떻게 경쟁하겠다는 걸까?'

베이조스는 탁월한 데이터 전략가였다

2017년 주간지 《뉴요커》에 실린 기사에서 작가 조지 패커George Packer는 제프 베이조스가 회의론자들에게 반박한 내용을 다음과 같이 묘사했다.

"아마존은 부유하고 교육받은 쇼핑객 관련 데이터를 모으는 방편으로 책을 팔려고 했다고 베이조스는 말했다. 판매량을 늘리기 위해 책의 판매가는 원가에 가깝게 책정되었다. 아마존은 수백만 명의 고객 데이터를 모으면서 인터넷에서 책 말고도 다른 모든 것을 엄청나게 싸게 파는 방법을 알아냈다."[1]

베이조스는 고객과의 관계 속에서 생각하고 또 말했다. 그는 사람들을 자신의 웹사이트로 데려와 믿을 수 없이 멋진 경험을 하게 해서 돈독한 관계를 맺을 수 있다면 더할 나위 없이 환상적일 것이라고 믿었다. 책만 파는 게 아니라 멋진 관계를 통해 다른 것들도 훨씬 더 많이 팔 수 있을 것이었다. 그는 최고의 고객과 좋은 유대관계를 형성하고자 했다. 그뿐만 아니라 상대적으로 덜 소중한 고객은 일찍 포기해서 경쟁자들끼리 이들을 두고 경쟁하게 했다.

그러나 고객과 긴밀한 관계를 구축하는 데는 시간이 걸린다. 베이조스도 아마존이 하룻밤 사이에 고객과 돈독한 관계를 만들지는 못하리라고 생각했다. 그와 아마존에 투자한 사람들은 관계의 토대를 마련한 뒤 이를 다른 범주로 확대하기 전까지는 적자를 면치 못하리라고 예상했다.

당시는 1990년대 후반이었지만 아마존은 지금도 여전히 경쟁자들을 멀찌감치 앞서고 있다. 아마존은 다른 어떤 회사보다 고객을 잘 이해하며 고객의 말에 귀를 기울이고 질문하고 배운 것을 실행에 옮긴다. 연회비를 내는 아마존 프라임Amazon

Prime의 평균 고객생애가치는 일반적인 소매유통 업체의 평균 고객생애가치보다 30배나 크다.[2] 베이조스는 고객과의 관계에 대해 일찌감치 잘 이해했고, 이를 빠르게 실천했다. 아마존의 놀라운 성공의 가장 큰 요인이 아닐 수 없다.

가치 있는 고객을 찾는 여정

지금까지 가장 중요한 고객과 그렇지 않은 고객을 구분해서 각각의 생애가치가 회사에 어떤 의미를 지니는지 파악하고 고객을 평가하는 방법을 살펴봤다. 그렇다면 이제 문제는 어떻게 이 지식을 더 나은 고객을 확보하는 데 적용할 것인가다. 그 답은 어떻게 찾을 수 있을까? 해답은 회사가 사업과 관련해서 직접 수집한 데이터인 퍼스트파티 데이터first-party data(고객이 특정 회사에 직접 제공하는 정보는 제로파티 데이터zero-party data라고 한다―옮긴이)에 있다.

마케팅 전문가로서 사업을 구축하는 방법에는 세 가지가 있다. 새로운 사람들을 만나거나(고객 확보customer acquisition) 기존 고객 관계를 개선하거나(고객 개발customer development) 고객 관계를 지속하기 위한 작업을 하는 것이다(고객 유지customer retention).

감히 단정하건대 당신은 고객을 확보하는 데 대부분 노력을 기울이고 있을 것이다. 좋은 고객을 발견하는 것이 (앞서 배운, 타깃 고객을 포착하는 것과 마찬가지로) 어떤 고객을 더 나은 사람으로 바꾸기보다 훨씬 쉽다. 나도 안다. 그리고 우리는 낙천주의자다! 그런 일이 얼마든지 가능하다고 믿는다. 그러나 사실은 쉽게 일어나지 않는다. 어떻게 하면 좋은 고객을 더 많이 찾아낼 수 있을까? 이제부터 그 방법을 살펴보자.

가치 있는 고객을 구별하는 질문들

앞서 다룬, 레시피를 통해 생성된 스프레드시트를 놓고 이야기를 시작해보자. 여기서 열column을 하나씩 늘려나가야 한다. 즉 다음과 같은 질문으로 고객 행동의 새로운 측면을 하나씩 추가하라는 말이다.

'쿠폰 코드를 사용해서 확보한 고객과 그렇지 않은 고객의 생애가치는 각각 얼마일까?'

'휴가철에 확보한 고객의 생애가치는 각각 얼마일까?'

'웹사이트와 모바일 앱을 통해 확보한 고객의 생애가치는 각각 얼마일까?'

'최초 구매 상품별 고객의 생애가치는 각각 얼마일까?'

가치 있는 고객을 탐색하기 위한 질문들

아이디	고객생애가치	고객 확보 채널	모바일 앱인가	첫 구매 시 쿠폰을 제공했는가
1234	7,790달러	유료 검색	네	아니요
5678	5,250달러	유료 검색	아니요	아니요
9012	3,850달러	소셜미디어	아니요	네
3456	3,416달러	제휴 업체	아니요	아니요

이렇게 해서 추가되는 결과의 예를 들면 위의 표와 같다.

이 작업은 가치가 적은 고객보다 가치가 큰 고객의 특성이나 행동을 찾는 것이 목적이다. 여기서 찾은 통찰을 적용하면 더 나은 홍보 활동을 벌일 수 있다. 또한 더 나은 고객 관계로 이어지는 특성을 강화하고 나쁜 관계로 이어지는 특성은 제거할 수 있다.

이 표는 퍼스트파티 데이터로 구축된다. 이 데이터는 오로지 당신 회사만 가지고 있는 데이터로서 고객에 대한 독특한(다른 회사들이 알지 못하는) 통찰을 제공한다. 예를 들어 '우리 회사에서 가치가 높은 고객은 누구인가?'라고 질문했다고 하자. 답을 찾는 데 도움이 될 만한 여러 신호를 찾아 마케팅에서 비어 있는 부분을 하나씩 채워나가는 식으로 작업을 시작할 수 있다.

또한 고객 확보 채널은 말할 것도 없이 매우 중요한 항목인데 여기서는 이렇게 질문할 수 있다. 유료 검색 광고를 통해 확보된 고객인가? 아니면 디스플레이 광고를 통해 확보된 고객인가?

마이크로소프트 엑셀이나 구글 시트 같은 간단한 스프레드시트 도구로 시작해보자. 그리고 피벗 테이블pivot table로 전체 데이터에서 나타나는 간단한 패턴을 확인하자. 복잡할 것은 하나도 없으며 누구나 쉽게 할 수 있다. 당신의 고객들이 저마다 식별 가능한 다른 방식으로 행동한다는 사실을 확인할 것이다.

사례를 하나 들어보자. 이 역시 구글의 사례다. 평균적으로 구글을 통해 확보된 고객은 다른 채널들을 통해 확보된 고객보다 생애가치가 24퍼센트 높다. 그런데 구글 광고를 먼저 접한 다음 오프라인에서 상품을 구매한 고객들에게서는 이 차이가 27.8퍼센트로 더 크게 나타난다.[3] 물론 이 수치는 당신 회사의 경우와는 다를 수 있다.

그런데 모바일 앱 다운로드 또는 충성 고객 프로그램 같은 일부 변수들에서는 그런 플랫폼이나 프로그램들이 처음부터 많은 가치를 창출할 것이라고 마케터들이 과연 진심으로 기대했을까 하는 의문이 든다. 당신이 그 모바일 앱을 개발한 건 이것이 매출을 견인하리라 기대했기 때문인가? 아니면 그 앱이 고객의 휴대폰에 당당하게 자리를 잡아서 당신의 메시지가 곧바로 고객의 휴대폰 화면에 뜨리라 기대했기 때문인가? 충성 고객 프로그램을 마련할 때 애초에 했던 기대는 무엇인가? 그 프로그램의 목적은 수익성 있는 고객 관계를 실제로 구축하기 위함인가? 아니면 이미 일어난 행동을 단지 공인하기 위함인가?

만약 이 질문에 대한 당신의 대답이 '큰 생애가치가 창출될 것을 기대했지만 실제로는 그렇지 않았다'라면 그 전략은 재평가되어야 한다. 고객을 확보하는 방식에 따라 평균 고객생애가치가 어떻게 달라지는지 보여주는 예를 하나 소개하면 다음 표(136쪽 참고)와 같다.

개인과 개인 사이의 상호작용을 연구하는 마케터들은 다음과 같은 표에서 첫 두 개의 열만 보는 경향이 있다. 그들은 '그 사람들은 어떤 경로를 통해 우리 웹사이트로 왔을까?', '그들이 구매한 금액은 얼마일까?'라고 질문한다. 이렇게 해서 그들은 처음 두 열만 보고 제휴 업체를 통한 고객의 평균 구매 금액이 가장 높다는 사실을 확인하고는 '여기에 고객 확보 예

고객 확보 채널에 따른 평균 고객생애가치 분석

고객 확보 채널	평균 최초 구매 금액	평균 고객생애가치
유료 검색	80달러	6,400달러
디스플레이	360달러	1,280달러
이메일 마케팅	95달러	2,000달러
제휴 업체	480달러	800달러
동영상	410달러	4,500달러
알 수 없음/기타	65달러	3,050달러

산을 모두 투자해야지'라고 결론을 내린다.

하지만 그다음 '평균 고객생애가치'열에서 드러나는 사실에 주목해야 한다. 그들은 최초 구매할 때만 돈을 많이 쓰지, 이후로는 돈을 가장 적게 쓴다. 그들은 처음에 딱 한 번 왕창 돈을 쓴 다음에는 나타나지 않는다. 그러니까 전체적으로 보면 그들이 회사의 매출에 기여하는 몫이 크지 않다는 말이다. 따라서 이런 고객들을 조금이라도 더 많이 확보하는 전략은 부차적으로 생각해야 한다.

반면 유료 검색은 이 업체에 전혀 다른 의미를 지닌다. 유료 검색 채널을 통해 찾아온 고객은 최초 거래 때는 훨씬 적은 돈을 쓰지만 나중에 훨씬 더 많은 돈을 쓴다. 제휴 업체를 통해서 찾아온 고객과 비교하면 정확히 여덟 배나 쓴다. 따라서 같은 돈을 투자하더라도 이들에게 투자하는 게 훨씬 나은 투자다. 물론 당신의 회사에서도 이런 일이 똑같이 일어난다는 말이 아니다. 이 표처럼 객관적으로 확인할 수 있는 수치들만이 어디에 투자하는 것이 가장 확실한지 정확하게 말해줄 것이다.

쭈볏거리지 말고 물어라

이미 가지고 있는 데이터에 얽매이지 말아야 한다. 고객과 나누는 대화에서 질문이 중요하다는 이야기는 이미 앞에서도 했다. 당신의 브랜드에서 가장 중요하다고 생각하는 특성이 무엇인지 고객에게 물어보자. 고객생애가치가 높은 고객이 가장 중요하게 여기는 특성은 회사의 서비스 품질일 수도 있고, 탁월한 제품 목록일 수도 있고, 짧은 배송 시간일 수도 있다.

기업들은 때로 설문조사를 활용하기도 한다(설문조사에 대해서는 3장에서 다루었다). 흔히 사용되는 설문조사로는 순추천고객지수Net Promoter Score, NPS가 있다. 이 조사는 사람들에게 '우리 제품 혹은 서비스를 친구나 동료에게 추천할 가능성은 얼마입니까? 0부터 10까지의 숫자로 대답해주십시오'라고 묻는다. 목표는 응답자들이 현재 보이는 열정이 다음에 일어날

일과 얼마나 밀접한 연관성을 가지는지 판단하는 것이다.

자신의 경험을 믿어라

이제 당신은 큰 수익을 안겨줄 가장 소중한 고객을 찾았다. 당신 회사가 고객과 그렇게나 잘 연결되는 이유들도 알아냈다. 그런데 이 지식이 과연 얼마나 큰 가치가 있을까? 아쉽게도 현재로서는 가치가 전혀 없다. 적어도 그 지식을 활용하기 전까지는 말이다.

당신의 의뢰를 받은 많은 광고 네트워크는(물론 여기에는 구글도 포함된다) 그동안 축적한 데이터와 지식에 담긴 온갖 신호들을 활용하고 소중한 고객들의 이메일 주소록을 이용해 더 많은 사람을 타깃으로 하는 광고 캠페인을 벌일 수 있다. 지금까지 고객생애가치를 계산하는 과정에서 당신은 상당한 노력을 기울였다. 거기서 나온 결과를 활용하려면 이 사소한 단계를 마다할 이유가 없다.

이때는 충분한 여유를 가지고 작업에 임해야 한다. 만약 당신이 광고 캠페인 타깃을 선정하기 위해 사용하는 고객 이메일 주소록이 그야말로 최고의 고객들로만 채워져 있다면 그것 또한 문제다. 이상적인 기대치 및 기준을 충족하는 고객은 시장에 많지 않기 때문이다. 그보다 낮은 등급의 고객을 충분히 많이 이메일 주소록에 넣어야 한다. 그물코가 조금 더 넓은 그물을 사용해서 고객을 추려보자. 우선은 고객의 상위 25퍼센트 정도로 추려서 시작하라.

관심이 끌리는 곳으로 나아가라

비용을 지불하고 광고 네트워크를 이용하는 것은 단순해서 좋지만 가장 중요한 자산인 데이터를 활용할 수 없게 한다. 당신은 구글에게 그저 "나는 이 사람이 좋아"라고만 말하고는 구글이 **자기가 아는 것**을 동원해서 뭔가 마법을 부려주길 기대하는 셈이기 때문이다. 그러나 아무리 구글이 마법사라고 해도 회사가 고객과 실제로 관계를 맺음으로써만 알 수 있는 것들을(고객이 구매하는 제품에 관한 것이든, 고객이 클릭하는 광고 캠페인이든 간에) 모두 알 수는 없다.

고객과 처음 만나는 시점에서부터 수집하기 시작하는 모든 통찰은 각각의 비중에 따라 광고 캠페인에 반영될 수 있고, 또 그렇게 반영되어야 한다. 여기서는 극적인 어떤 것이 있을 수 없다. 고객 관계에서 부정적인 신호보다는 긍정적인 신호에 초점을 맞추는 캠페인을 조금 더 공격적으로 진행하도록 하자. 그리고 캠페인을 진행하는 과정에서 검증과 보정을 동시에 실행하도록 하라.

고객의 잠재력에 초점을 맞춰라

당신은 새로운 고객 관계를 시작할 때마다 그 관계의 가치를 예측한다. 광고 네트워크가 신규 고객 및 더 나은 고객을 추천해주길 원한다면 관련 데이터를 그 광고 네트워크와 공유하라. 그렇지 않으면 그들은 다음 차례에 어떤 고객을 당신에게 소개해야 할지 모른다. 광고 네트워크에 제공하는 정보를 (일반적으로는 전환가치conversion value가 그 정보다) 계속 업데이트하면 된다. 대부분 마케터들은 개별적인 거래 금액, 즉 단일하고 즉각적인 구매 금액을 광고 네트워크에 보내준다. 하지만 기민한 회사들은 이미 고객의 개별적인 거래 금액이 아니라 고객생애가치를 광고 네트워크에 제공하기 시작했다. 그러면 좀 더 양질의 결과를 얻을 수 있고 비용 대비 효과도 뛰어날 것이다.

자, 그렇다면 내가 추천하는 선택지가 무엇일지 궁금할 것이다. 첫 번째 선택지는 유사한 청중을 광고 캠페인의 타깃으로 삼는 것이다. 이는 쉽고 단순하다는 것이 강점이다. 두 번째 선택지는 고객의 특성을 타깃으로 삼는다. 그런데 이 방법은 조금 더 어렵다. **어떤 고객**이 가치 있는 고객인지가 아니라 그 고객이 왜 가치가 있는지 **이유**를 설명해야 하기 때문이다. 세 번째 선택지는 전환가치를 고객생애가치로 업데이트하는 것이다. 더 많은 잠재 고객과 더 깊은 통찰(고객이 좋아하는 제품, 그들이 공유하는 행동)을 확보하려면 이 접근법이 필요하다.

처음부터 세 번째 선택지를 출발점으로 삼으면 안 된다. 단순하게 시작해서 조금씩 학습하며 차곡차곡 쌓아나가는 것이 좋다.

반대쪽을 바라보라

모든 것은 거꾸로도 작동한다는 사실을 명심하라. 가치가 높은 고객을 식별해주는 특성을 찾듯이, 최악의 고객을 식별하는 특성을 찾아 그들을 배제할 수도 있다. 물론 최악의 고객 관계를 일부러 끊어버릴 필요는 없다. 이들도 여전히 **뭔가를 구매**하기 때문이다. 다만 이들이 회사에 주는 가치에 비해 회사로부터 받는 관심이 너무 크지 않도록 확실한 조치를 해두기만 하면 된다. 이렇게 해서 절약되는 노력과 돈을 다른 고객에게 더욱 유용하게 사용해야 한다.

그런데 주의할 점이 하나 있다. 지금 당장 가치가 높은 고객을 좇는 데 모든 돈을 쏟아붓는 식의 급격한 태도 변화는 바람직하지 않다. 가치가 높은 고객에게는 조금 더 비용을 지출하고 가치가 낮은 고객에게는 조금 덜 비용을 지출하는 식으로 시작하는 것이 좋다. 이때 고객이 어떻게 대응하는지 살펴면서 이런 노력이 적절한 성과를 가져다주는지 확인해야 한다. 요컨대 예상치 못한 위험에 대비하는 완충 장치를 마련하는 것이 핵심이다.

최상의 고객을 만나기 위해서

첫인상을 믿어라

때론 고객에 대한 데이터가 아주 많거나 너무 적을 수도 있다. 이럴 때 당신은 어디서부터 시작하는가? 개인적으로는 고객과의 상호작용이 맨 처음 이뤄지는 시점, 즉 첫 만남에서부터 시작하라고 제안하고 싶다. 첫 만남의 순간에 나타났던 행동들(그들이 구매한 제품의 범주에서부터 판촉 할인 쿠폰을 수락한 계절에 이르기까지 모든 것)을 보면 그 뒤에 이어지는 그 사람의 모든 행동을 대체로 파악할 수 있다. 오스카 와일드가 말했듯이 "사람에 대한 첫인상은 언제나 옳다."[4]

데이터를 믿어라

과거 카탈로그 마케팅 시대에는 판매자가 수집할 수 있는 구매자의 정보가 제한적이었다. 어떤 사람이 카탈로그를 몇 번이나 펼쳐봤는지, 어떤 제품부터 먼저 살펴봤는지, 어떤 제품을 오래 살펴봤는지 알 수 없었다. 마케터들은 인구통계에 의존해서 타깃 대상을 찾았다. 인구통계학은 실제 현실을 반영하며 낯이 익기 때문이다. 그래서 마케터들은 페르소나를 즐겨 만든다.

'여기 제인이라는 여자가 있다. 서른네 살이고 두 아이가 있으며 아직은 부부 사이에 깨가 쏟아지는 신혼이다. 거실 한가운데에서 땀을 뻘뻘 흘리며 펠로톤(실내 자전거 브랜드명 — 옮긴이) 페달을 밟을 때는 보통 룰루레몬 레깅스를 입는다.'

행동 특성을 묘사한 부분은 훨씬 더 지루하다.

'여기 세실리아라는 여자가 있다. 그녀는 우리 사이트를 11번 방문하고 나서야 비로소 첫 구매를 했다.'

그렇지만 이런 정보들에는 현실이 담겨 있다. 행동 속성(예컨대 구매 제품이나 사이트 방문 횟수 등)은 인구통계(나이, 성별, 가구소득)보다 훨씬 더 많은 가치를 지닌다. 페르소나를 만드는 게 잘못되었다고 할 순 없지만 그 페르소나가 인구통계에 초점이 맞춰진 것이라면 잘못된 것이다.

데이터로 관심의 초점을 옮겨라. 고객이 실제로 무슨 행동을 하며, 무엇을 언제 얼마나 구매하는지 살펴라.

머신러닝의 한계와 단순한 세분화 작업의 의미

데이터를 모아 스프레드시트로 정리하다 보면 서로 다르면서도 연결된 수천 개의 신호를 이해하려고 애를 쓰다 더는 그 스프레드시트를 관리할 수 없는 시점에 다다른다. 이 직전까지는 쉽게 답을 찾아내지만 마지막에 가서는 '이것의 규모를 어떻게 확장할 것인가?'라는 어려운 질문을 만난다.

몇몇 기업은 해답을 찾아서 머신러닝으로 눈을 돌리곤 한다. 컴퓨터는 인간보다 훨씬 빠른 속도로 데이터를 처리하고 분석하기 때문이다. 머신러닝은 자동화가 가능해서 사람이 놓칠 수 있는 패턴과 시시때때로 바뀌는 패턴까지 밝힐 수 있다. 온갖 도구들로 당신의 웹사이트만 파도 10만 개가 넘는 신호를 포착할 것이다.

그러나 그 신호들은 사람이 직접 살핀 것이 아니다. 즉 머신러닝을 통해 분석된 패턴에는 지극히 인간적이고 사소한 것들이 빠진다. 가령 '크리스마스 시즌이 있는 12월 한 달 동안 캘리포니아에서 모바일 기기로 당신 회사의 제품을 정가로 구매했고 무료 배송 혜택까지 누린 고객은 모두 높은 생애가치를 가지고 있을까?'라는 질문이 있다고 하자. 이 질문에 담긴 미묘한 통찰을 포착할 때의 전율은 머신러닝을 통해서는 느끼지 못할 수도 있다. 왜냐하면 이런 패턴을 보여주는 다른 고객은 거의 없기 때문이다. 즉 머신러닝은 이런 행동에 담긴 가치를 인식하지 못한다.

그럼에도 머신러닝의 강점은 매우 크며, 특정 시점에는 머신러닝이 꼭 필요하다. 하지만 명심할 점이 있다. 투자금이 넘쳐나는 데이터 분석 스타트업이 마법의 블랙박스를 보여주면서 어떤 달콤한 말을 하더라도, 머신러닝으로 그 모든 작업을 시작해야 하지 않을까 하는 생각은 절대로 하지 말라는 것이다. 이는 어리석은 생각이다. 복잡한 기법을 구사하기 전에 우선은 단순한 세분화 작업을 통해서도 가치가 높은 신규 고객을 얼마든지 확보할 수 있음을 믿고, 그 믿음을 스스로 입증하라.

지금 우리가 다루는 내용은 전체 고객 중에서 매우 특별한 최고의 고객이 어떤 사람인지 알아내는 것이다. 우리는 친구를 사귈 때도 이와 똑같이 한다. 지금까지 그 친구와 함께했던 관계를 돌아보면서 '그래, 이 친구의 이러저러한 점은 정말 좋았고, 이러저러한 점은 정말 싫었어'라고 생각한다. 그리고 오랜 시간에 걸쳐 서로 잘 어울릴 수 있는 사람들에게 다가가는 법을 배운다. 마케팅의 세상에서도 이와 똑같은 원리를 적용하면 된다. 이것이 마케터가 가장 먼저 해야 하는 중요한 일인데 애석하게도 중요한 일은 이뿐만이 아니다.

Chapter 10

있는 그대로 받아들여라

"백만장자들이 실리콘밸리의 한 술집에 들어온다. 아무도 음료나 술을 주문하지 않는데도 이 술집은 엄청나게 장사가 잘된다고 소문이 났다."

누가 시작했는지 모르는 이 이야기는 실리콘밸리에서는 꽤 널리 알려진 농담이다. 하지만 한 야심 찬 유니콘 기업은 이 경우와 달랐는데 이 회사는 성공에 필요한 적절한 조각들을 모두 가지고 있었다. 이 회사의 고객은 평생에 걸쳐 평균 550달러를 이 회사 제품을 사는 데 쓰지만 회사가 고객을 확보하는 데 들이는 돈은 겨우 4달러 조금 넘는 정도였다.

주머니가 두둑한 투자자들이 나서서 이 회사가 장래에 크게 성장할 것이라며 입을 모아 칭찬했다. 이들의 기대처럼 회사는 신규 고객을 빠르게 끌어들이며 급성장했다. 불 같은 판매가 이어지며 회사의 CEO는 인간 승리의 역사를 새롭게 쓰는 듯했다. 그런데 그다음 해에 이 유니콘 기업의 가치는 전년도의 2퍼센트로 쪼그라들었다. 위에서 말한 그 농담은 투자자들에게 더는 아무 재미도 주지 못했다.

나는 그 회사에서 쫓겨난 이사 한 명과 함께 맥주를 마시며 그 과정을 되짚어봤다. 그들의 성공과 실패에서 내가 확인한 건 그들이 어리석었다는 사실보다 충분히 공감할 만한 일이었다는 점이다. 그 일은 누구에게나 일어날 수 있는 일이기 때문이다.

그 회사의 투자자들은 성장 목표를 정했다. 공격적이긴 해도 충분히 가능한 목표였다. 회사가 고객 세분화customer segment를 차례대로 진행했을 때도 그들의 제품은 비록 언제나 완벽하진 않았지만 그래도 잘 팔릴 수 있는 것이었다. 고객 확보 비용CAC은 기하급수적으로 늘어나서 200달러까지 육박했지만 그래도 이윤은 여전히 많이 남았다. 그런데 어느 날 경고음이 울렸다. 사전에 작성된 보고서에 따르면 이 경고음은 매일같이 울렸다. 그러나 그때마다 무시당했다. 경고음의 내용은 이랬다.

'매출액 중 신규 고객의 매출액과 재방문 고객의 매출액 비율은 얼마인가?'

신규 고객은 꾸준히 유입되어 매출액에 기여했다. 그러나 그 신규 고객은 고객 확보 예산과 광고 및 판촉 활동에 따른 결과였고, 그들 대부분은 두 번 다시 찾아오지 않았다. 이는 고객생애가치에 문제가 있다는 경고였다.

이제는 당신도 이 회사가 무너질 수밖에 없었던 이유가 무엇인지 알 것이다. 회사는 고객 한 사람의 **평균** 생애가치를 550달러라고 생각하고 있었다. 회사의 전략과 피치덱pitch deck (투자자를 유치하기 위한 짧은 설명 자료―옮긴이)에서 모든 고객은 그들이 누구이며 어떤 경로를 통해 고객이 되었는지와 상관없이 모두 그만큼의 가치가 있는 것으로 설정되었다. 그러나 실제로는 지극히 소수만 그보다 가치가 높았다. 대부분은 그보다 매우, 매우, 매우 낮은 가치였다. 그때는 몰랐고 지금은 모두가 다 아는 사실이지만 200달러라는 CAC는 대부분 고객의 가치보다 훨씬 웃도는 금액이었다.

회사는 은행의 풍부한 투자 자금과 이사회의 호의를 등에 업고 급성장했지만 결국 고객생애가치에서 진짜 죄를 저지르고 말았다. 가치가 낮은 고객을 가치가 높은 고객으로, 즉 납을 금으로 만들려고 했던 것이다.

회사는 신규 고객을 확보하려는 노력을 중단했고 기존 고객을 되찾기 위해 총력을 기울였다. 더 많은 돈을 들여 더 많은 마케팅 활동을 하면서 판매 촉진 활동을 벌였다. 이 과정에서 회사의 이윤은 계속 희생되었다. 몇몇 고객이 미끼를 물긴 했지만 대부분은 그렇지 않았다. 결국 회사는 남은 자산을 팔아치웠는데 주로 고객 목록과 과잉 재고품이었다.

인간은 절대 변하지 않는다

많은 기업이 고객을 회사 안으로 끌어들이기만 하면 어떤 고객과도 수익성이 높은 훌륭한 관계를 발전시킬 수 있다고 믿는다. 기업들이 이렇게 착각하는 이유는 특별히 놀라운 것도 아니다.

'기회가 주어지기만 한다면 고객은 우리 회사가 얼마나 대단한지 알게 될 거야. 할인 쿠폰을 뿌리자! 무료 배송을 시작하자! 무슨 수를 써서라도 사람들을 데리고 오기만 하면 돼!'

여러 해 전 일일 거래의 세상에서 유행했던 믿음이다. 많은 식당과 빵집, 요가 레슨에서 고객 한 사람에게 5달러씩 뿌리며 고객을 마구 끌어들였다. 비록 당장은 비용이 들지만 나중에 이들을 가치가 높은 고객으로 바꿔놓을 수 있다는 희망에 한껏 부풀어 있었다. 그러나 그 기대는 헛되이 끝나고 말았고 그들은 대부분 돌아오지 않았다. 그 고객들은 관계가 아닌 거래에만 관심을 가졌기 때문이다. 이는 회사가 고객을 잘못 생각해서 일어난 일이다.

수많은 고객을 모아 이들을 가치 있는 고객으로 만들기란 **믿을 수 없을 정도로 어렵다.** 고객의 행동을 바꾸는 것은 사람을 바꾸는 것이나 다름없다. 전혀 가망이 없는 상황임에도 당신의 노력과 결단을 통해 한 사람을 끝까지 당신과 함께할 동반자로 바꾸는 일이 어떻게 쉬울 수 있겠는가?

다만 아주 가치 없는 고객을 약간 가치 있는 고객으로 바꾸는 몇 가지 방법이 있긴 하다(여기에 대해서는 뒤에서 설명하겠다). 그러나 그들을 가장 가치가 높은 고객층으로까지 올려놓을 수는 없다. 따라서 이런 노력을 회사의 성장 계획에서 핵심으로 선정하면 안 된다. 그런 시도를 하다가 망한 수많은 회사의 잔해는 이미 산더미처럼 쌓여 있다.

2011년에 발표된 한 논문에서는 교차판매cross-selling(고객이 구매하려는 상품을 보완하는 제품을 추가 판매하는 기법 또는 상품이 판매 종료되거나 신제품 홍보가 필요할 때 다른 제품의 구매를 유도하는 기법—옮긴이) 캠페인을 성공적으로 운영하기가 얼마나 어려운지 지적하며 다음과 같이 보고했다. "교차판매 캠페인 이후 석 달 안에 구매했던 고객을 대상으로 한 평균 응답률은 약 2퍼센트다."[1] 그런 캠페인은 차라리 하지 않는 편이 훨씬 더 낫다. 그야말로 시간 낭비, 노력 낭비다.

그렇다면 앞서 예로 든 그 유니콘 기업에는 다른 선택지가 있었을까? 당연히 있다. 그들은 고객이 행동하는 것과 구매하는 것 사이의 차이를 확인하고 심각하게 받아들였어야 했다. 평균은 엄청난 오해를 유발하곤 한다. 그 회사의 경우 평균은 잘못된 의사결정의 원인이었다. 그들이 저지른 원죄를 좀 더 일찍 알았더라면, 가치가 높은 기존 고객을 더 많이 찾는 데 집중해서 고객 확보 방법을 바로잡을 수 있었을 것이다. 그러나 그들은 반대로 행동했고, 이어서 두 번째 죄를 저질렀다. 변변찮은(수익성이 없는) 관계를 멋진(수익성이 높은) 관계로 바꾸려 했던 것이다. 이 노력은 지극히 소수의 고객만 건졌을 뿐 헛된 노력으로 끝나고 말았다.

성공한 기업은 최고의 고객이 어떤 행동을 하는지 알고 있으며 그런 행동을 충족시키는 차원에서 고객 확보 캠페인을 벌인다. 심지어 그들은 피하고 싶은, 수익성이 없는 고객조차도 확보한다.

인생도 마찬가지 아닌가. 인생에서 차라리 만나지 않았으면 좋겠다고 생각하는 사람들은 늘 주변에 있기 마련이다. 이들을 상대로 매출을 올리려는 노력을 아예 하지 말라는 말이 아니다. 핵심은 사람들이 얼마나 많이(혹은 적게) 바뀔 것인지, 그에 따라 이들에게 얼마나 많이(혹은 적게) 투자할 것인지를 현실적으로 생각해야 한다는 뜻이다. 그러기 위한 구체적인 방법을 하나씩 살펴보자.

그럼에도 할 수 있는 것

고객에게 해줄 수 있는 최고의 조언을 하라

구매 행위보다 더 강력한 신호는 없다. 고객이 구매라는 행위를 했다면 이 순간을 최대한 활용해야 한다. 추천 엔진은 구매품의 수량이나 추가 제품을 추천해서 거래의 규모를 늘림으로써 각각의 구매에서 더 많은 가치를 창출할 수 있다.

"고객님은 장난감 기차를 구매하셨습니다. 배터리도 잊지 말고 구매하세요!"

한 연구논문에 따르면 아마존의 추천 엔진은 아마존 전체 매출의 35퍼센트 이상을 유도한 것으로 나타났다. 또한 넷플릭스 시청의 75퍼센트는 추천을 통해 이뤄진다. 그런데 소매 유통 업체의 절반 이상은 추천 엔진을 이용하지 않았다.[2]

현장 대화에만 의존하지 마라. 이메일 캠페인 및 디스플레이 광고를 통해 선제적으로도 추천할 수 있다. 이런 추천이 고객에게 적절하기만 하면 관계가 훼손될 일은 없다. 심지어 어떤 제품을 판매하고 48시간이 지난 다음에도 그 제품과 관련된 제품 홍보가 여전히 효과 있다는 증거도 있다.

고객에게 제공할 다른 제품을 더 많이 찾아라

이는 야심 있는 회사를 위한 기본적인 해법이다. 이런 회사들은 고객과의 관계를 한층 돈독히 해줄 신제품이나 관련 제품을 부지런히 찾는다. 미리 정해진 제품 라인을 제공해온 회사가 항상 민첩하지는 않지만, 그렇다고 해서 이런 회사가 새로운 제품을 판매할 수 없다거나 판매하지 말아야 한다는 뜻은 아니다. 우리는 고객생애가치를 계산할 때 고객은 절대로 변하지 않고 언제나 똑같은 사람일 것이며, 새로운 제품이나 서비스에 반응을 보이지 않을 것이라고 가정한다. 다른 제품은 팔지 않고 가구만 파는 회사는 가구를 사는 모든 사람의 생애가치를 계산한다. 그러나 TV도 함께 파는 회사라면 어떻게 될까? 거대 보험사인 올스테이트Allstate는 심지어 신규 고객을 확보하는 것보다 기존 고객을 대상으로 새로운 보험 상품을 교차판매하는 것이 네 배나 효과적이라는 사실을 발견했다.[3] 실리콘밸리의 농담 속에 등장하는 그 술집도 장사가 잘되려면 벌꿀 바른 바비큐 윙을 교차판매해야 할 것이다.

모든 고객을 대상으로 하지 마라

고객 관계를 지금보다 더 발전시키기로 마음먹었다면 모든 고객을 대상으로 노력을 해서는 안 된다. 누구를 대상으로 할지, 서비스 비용을 너무 많이 잡아먹는 누구를 대상에서 제외할지 알려주는 신호들을 먼저 포착해야 한다(11장에서 다룰 내용인 고객 유지에도 똑같은 사실이 적용된다. 일단 여기까지만 언급하고 해당 내용은 뒤에서 자세히 살펴보도록 하자).

연구 결과에 따르면 가치가 높은 고객의 경우는 구매와 구매 사이의 시간 간격, 반품률, 최초 구매 제품의 범주 같은 변수들을 파악해야 한다. 이 지표들에서 더 나은 고객을 타깃으로 삼으면 교차판매의 효과를 크게 높일 수 있다.[4]

그렇다면 가치가 낮은 고객에게는 어떻게 해야 할까? 또 다른 연구에 따르면 교차판매는 전체적으로만 보면 수익성이 높지만 고객 다섯 명 중 한 명은 오히려 손해를 안겨준다. 이런 고객을 격려하려고 나설 때 치러야 하는 대가는 무척 큰데, 모든 적자 거래의 무려 70퍼센트가 이들에게서 비롯된다. 연구 결과는 "수익성이 없는 고객이 교차구매를 많이 할수록 손실은 점점 더 커진다"고 지적한다.[5]

앞서 3장에서 '질문하기'를 다루며 살펴봤던 내용이 기억나는가? 지출점유율에 대한 다음 질문을 통해 당신의 접근법을 개선해보자.

'○○○ 고객님, 한 해 여행에(책에/콜드브루 커피에 등등) 지출하는 금액은 얼마입니까?'

만약 이 고객의 해당 부문 지출액에서 당신의 회사가 차지하는 부분이 아주 적다면, 앞으로 관계를 개선해 그가 더 많은 돈을 당신의 제품을 사는 데 쓰게 할 수 있다. 그러나 만약 해당 부문 지출액의 상당 부분을 이미 당신의 회사가 차지하고 있다면 관계를 아무리 개선한다고 해도 매출액에는 큰 변화가 없을 것이다.

실리콘밸리의 술집 농담이 현실이 되기를 바라는 사람은 아무도 없다. 그런 비극적인 운명을 피하려면 우수한 고객을 확보하는 데 대부분 시간을 투자해야 한다. 이것이 기존 고객을 우수 고객으로 바꾸기보다 훨씬 쉽다. 그렇지만 기존의 고객 관계를 조금 더 가치 있게 만들기 위해 할 수 있는 일들이 있다. 물론 너무 기대하지는 마라. 형편없기 짝이 없는 고객 관계를 최고의 고객 관계로 바꿔놓을 순 없으며 그렇게 만들려고 애쓸 필요도 없다. 다만 고객의 옆구리를 찔러 그들을 적절한 방향으로 유도할 수는 있다. 평균적인 고객을 격려해서 지금보다 조금 더 돈을 쓰게 할 수 있다는 말이다. 쓸데없는 낙관주의에 빠져 현명한 판단을 망치지 마라. 눈앞에 있는 기회를 최대한 활용하고, 그런 다음에 앞으로 나아가라.

Chapter 11

잘 안 되면 미련 없이 돌아서라

잠깐 관심을 보이거나 한두 번 구매하고 끝나는 것이 아닌 평생 이어지는 관계를 맺고자 할 때 고객 유지 전략은 필수 조건이다. 고객 유지는 다른 모든 것이 별다른 마케팅 없이도 잘 운영되게 해준다. 손님이 깜박 잊고 두고 간 여권을 발견하고는 주인에게 돌려주려고 공항까지 달려간 호텔 직원이 있었다. 그렇게 여권을 돌려받은 손님은 이제 그 도시를 다시 찾을 때마다 무조건 그 호텔에 숙박할 뿐만 아니라 여행 가격 비교 웹사이트인 트립어드바이저TripAdvisor에서 그 호텔의 열렬한

전도사가 되었다.

그뿐만이 아니다. 수십 년 전 한 옷가게에서 할인 상품을 환불받았던 고객은 이후 충성 고객이 되어 계절이 바뀔 때마다 시즌 의류를 정가로 구매한다. 내 아내는 반려견 사료를 주문하면서 배송지 주소를 샌프란시스코 외곽에 있는 우리 집이 아니라 시카고에 있는 처가로 잘못 적었다. 그러자 고객서비스 직원이 "걱정하지 마세요. 돈을 환불해드리겠습니다. 어머님께 말씀드려서 그 사료를 지역 동물보호소에 기부해주십시오"라고 말했다고 한다. 그 뒤부터 우리 가족은 그 플랫폼에서만 반려견 사료를 주문한다.

방금 내가 한 이야기에 굳이 웃지 않아도 된다. 그러나 장담하건대 아마도 당신은 얼굴에 미소를 띠고 있을 것이다. 모든 사람이 이런 이야기를 좋아하며 내가 만나는 모든 회사가 고객 유지의 중요성에 동의한다. 그러나 최고의 회사들이 고객 유지라는 과제에 어떻게 접근하는지 설명하기 시작하면 사람들은 나를 우울한 눈으로 바라본다.

"우리도 그 회사들만큼 규모가 크면 얼마든지 그렇게 할 수 있지."

"우리가 그 회사들만큼 이윤이 많으면 그렇게 하지."

"그 회사들이 하는 걸 우리가 할 수 있다면 우리도 당연히 그렇게 하지."

　중요한 것 혹은 차이를 만들어내는 것은 규모가 아니다. 고객 유지의 달인은 자신이 갖고 있는 데이터를 남들보다 더 잘 사용할 뿐이다. 그들은 함께 갈 가치가 있는 고객과 그렇지 않은 고객을 구분한다. 이때의 구분 기준은 단일 거래의 이윤이 아니라 해당 고객의 생애가치다.

　아마존 프라임 비디오Amazon Prime Video(아마존의 디지털 동영상 스트리밍 서비스)는 고객이 만족스럽지 못한 시청을 했을 때 영화 대여료를 선제적으로 환불해준다.[1] 이 회사는 일반적인 회사들이 그런 것처럼 단일 거래에서 손해 보는 2.99달러에 대해 전혀 걱정하지 않는다.

　아마존은 장기적인 관점으로도 유명한데, 예를 들어 변심한 고객의 마음을 돌려놓지 않으면 그 고객은 영원히 떠나버린다는 것을 알고 있다. 그래서 설령 고객 불만의 원인이 그들이 제공하는 서비스가 아니라 고객의 인터넷 환경일지라도 관계를 살리기 위해 적극적으로 행동한다.

　비슷한 사례는 항공사들에서도 볼 수 있다.[2] 대다수의 항공사는 VIP 고객이라고 해서 변경 수수료를 면제해달라는 요청을 무조건 들어주지는 않는다. 그들은 고객과의 관계에서 얼마나 많은 가치가 손상될지 그리고 더 중요하게는 그 고객이 영원히 떠나버릴지를 따진 후 그 요청을 수락하기도 하고 거절하기도 한다.

경쟁이 치열한 황금노선인 샌프란시스코-뉴욕행 비행기를 자주 타는 사람이면 잘 알겠지만 항공사들은 이 노선을 자주 이용하는 사람들을 붙잡고 놓아주지 않으려고 최선을 다한다. 단골 항공사의 서비스를 제대로 받는 VIP는 따로 있다. 그리고 이들 항공사는 그 VIP가 다음 여행 때도 자기들을 찾으리란 걸 알고 있다.

중요한 것에 초점을 맞춰라

가끔 아내와 나의 사이에서 뭔가 잘못되어 감정이 틀어질 때가 있다. 이럴 때면 나는 꽃다발을 준비하거나 볼로네제 스파게티를 준비한다. 문제의 원인 제공자가 내가 아니라도 그렇게 한다. 정말로 내 잘못이 아니더라도(그건 나 혼자만의 생각일까?) 나는 그렇게 했다.

사실 누구의 잘못인지는 중요하지 않다. 아내와의 관계가 훨씬 더 중요하고, 나는 종종 놓쳐서는 안 될 신호를 놓치곤 한다. 그렇다면 알고 지내는 사람과의 사이에서 이런 일이 있을 경우 어떻게 할까? 사과하기 위해 전화를 하거나 그보다 더 가벼운 문자 메시지를 이용할 것이다. 마지막으로 대화를 나눈 지가 꽤 오래되었다면 말이다.

고객을 대하는 방식도 친구나 가족을 대하는 방식과 마찬가지다. 모든 고객을 물건 대하듯 대할 수는 없으며 그랬다간 큰일이 난다. 가치가 높은 고객과의 관계는 다른 고객과의 관계보다 훨씬 더 중요하다. 이 두 고객 집단을 구분해야 한다. 뭔가 잘못되고 있다는 신호를 항상 찾아야 한다. 그러나 이에 대응할 때는 회사에 중요한 것이 무엇인가를 기준으로 행동에 나서야 한다.

시장의 추세는 현재 이런 방향으로 움직이고 있다. 경쟁사들은 소비자들에게 접근하는 방식을 강화하고 있고 소비자의 기대치는 자연히 높아지고 있다.

아마존 프라임 비디오의 사례는 제프 베이조스가 2012년에 주주들에게 보낸 편지에서 그 회사가 성공했던 이유를 설명하는 과정에서 나왔다. 아마존 프라임 비디오는 그 후로 기존 고객을 붙잡고 유지하는 실천 방안들을 개선했다. 당신의 회사는 어떤가?

고객에게 개입할 시점은 언제인가

변화의 조짐을 읽어라

먼저 뭔가 잘못되고 있다는 신호를 찾는 것부터 시작하라. 자동 갱신 프로그램의 자동 갱신 설정을 취소한다거나 계정 취소 문의 웹페이지를 방문한다거나 같은 특정한 행동들은 강력한 신호다. 그러나 이를 알아차렸을 때는 이미 늦었다. 고객은 가방을 챙겨 들고 문 앞에 서서 마지막 작별의 눈길을 보내는 상황이기 때문이다. 이렇게 되어버린 관계를 복원하기란 매우 힘든 싸움이 될 수밖에 없다. 그전에 고객이 회사에 흥미를 잃어버렸음을 알 수 있는 다른 조짐을 찾아야 한다. 서비스 사용량이 줄어든다거나, 웹사이트 방문 횟수가 줄어든다거나, 회사에서 보낸 이메일을 열어보는 비율이 줄어든다거나 하는 것 등이 그런 조짐이다. 소매유통 업체들은 주문과 주문 사이의 시간 간격이 늘어나는 고객을 주시한다.

두 번째 방법은 8장에서 살펴본 것처럼 모델링 접근법을 채택하는 것이다. 머신러닝과 데이터를 사용해서 전망이 가장 밝은 고객 관계를 나타내는 신호와 위험을 알리는 신호를 식별할 수 있다. 개별 점들을 모두 연결해서 파악하는 것이 단 하나의 개별 신호에 의존하는 것보다 효과적이다.

'그녀는 아직도 전화해주지 않고 있다. 이 사실은 문제가 있음을 일러주는 조짐일까? 아니면 아무것도 아닐까?'

모델링 접근법을 통해 해당 고객과의 관계에서 일어났던 다른 모든 것을 종합적으로 고려해 파악해야 한다.

세 번째 방법은 앞서 고객생애가치를 계산할 때 나온 초콜릿케이크 레시피를 사용하는 것이다. 중용을 취하는 이 접근법의 장점은 어떤 사람이 실제로 고객인지 아닌지 객관적으로 판단할 방법을 제공한다는 것이다. 많은 회사가 뉴스레터 수신 등록을 한 사람이나 제품을 한 번이라도 구매한 사람이면 무조건 고객이라고 여긴다. 정말 옛날식 관점이다. 어떤 기업은 고객 기준을 한층 까다롭게 설정하지만 이 기준이 자의적이다. 지난 12개월 동안 한 번이라도 자기 회사의 제품을 구입했다면 고객이라고 판정하는 식이다. 그렇다면 지난 24개월 동안에 제품을 구입한 사람은 어떻게 해야 할까? 이런 문제가 생기기 때문에 자의적이라고 한 것이다.

내가 제시하는 모델(119쪽 참고)에서는 '미래에 거래할 확률probability of future transaction'이라고 하는 데이터 열을 마련하고 있다. 이것은 '지금까지 관찰한 사실들을 근거로 판단할 때 고객이 다시 우리 제품을 구매할 가능성은 얼마나 될까?'라고 질문한다. 이 모델은 번거로운 일들을 맡아서 수행한다. 그리고 그 결과는 회사의 모든 고객과 이어진다. 이 모델은 '90퍼센트입니다'라고 대답할 수도 있고 '10퍼센트입니다'라고 대답할 수도 있다. 애초에 관계 자체가 아예 성립하지도 않았었다고 말할 수도 있다.

매주 이 모델을 실행할 때마다 업데이트된 수치를 받아볼 수 있을 것이다. 이로써 양방향의 추세를 읽을 수 있으며 심지어 어떤 고객과의 관계가 단절될 시점까지도 미리 알 수 있다(앞에서도 말했지만 이것은 매우 훌륭한 레시피다).

꼭 붙잡고 싶은 고객과 소통하라

잘못된 방향으로 나아간다는 걱정스러운 신호를 보내는 고객 가운데서도 어떤 고객에게 개입해야 할까? 이 질문에 대해 마케터 대부분이 내리는 대답은 단순하다.

"떠나려고 하는 사람은 모두 다!"

그러나 떠나가는 고객을 모두 붙잡겠다고 달려드는 것은 잘못된 접근법이다. 이 문제를 관계라는 관점에서 생각해보자. 누군가가 당신을 싫어해서 다시는 당신과 말하지 않겠다고 선언한다. 이런 사람의 마음을 돌려놓을 확률이 얼마나 될까? 물론 도저히 불가능하지는 않을 것이다. 그러나 오랜 시간 대화가 없었지만 좋은 관계를 유지하던 친구에게 손을 내미는 것보다는 훨씬 많은 노력이 필요할 것이다.

꼭 붙잡고 싶은 고객에게만 개입하라. 이 기준은 애매모호하거나 어렵지 않고 분명하다. 그러나 미묘한 차이가 있을 수 있다. '누가 떠날 것인가?'라는 질문만으로는 충분하지 않다. '과연 우리는 그 고객이 남아 있기를 원하는가?'라는 질문도 중요하다. 만일 그 고객과의 관계에 개입한다면 그 관계를 유지하는 데 들인 비용을 회수할 수 있을까? 아니면 이번 분기에 한 명의 고객을 덜 잃었다는 사실에 뿌듯해하는 데 만족할까? 설령 최상의 고객 관계라고 해도 때로는 이별이 필요하다. 언제나 마지막 순간은 있기 마련이다. 가장 가치가 높아서 회사에 소중한 고객이라고 하더라도 말이다. 받아들이기 어렵지만 이는 변할 수 없는 사실이다. 사랑은 원래 아프다.

예를 들어 어떤 고객이 1,000달러의 생애가치가 있다고 치자. 1,000달러라는 생애가치는 당신의 회사로선 높은 금액이다. 그런데 이 고객이 이미 990달러를 썼다면 이 고객과의 이별은 코앞으로 다가온 것이다. 마지막 10달러를 더 짜내려고 두어 달 더 붙잡는 게 무슨 의미가 있을까? 물론 이 고객이 갑자기 300달러의 깜짝 구매로 당신을 놀라게 할 가능성은 언제나 있다. 하지만 그 고객의 생애가치에서 남은 마지막 10달러를 좇는다면 잘못 투자하는 것이다.

어떤 관계가 정해진 경로를 따라서 흘러갈 때 그 관계가 당신에게서 멀어지는 것을 편안한 마음으로 받아들일 필요가 있다. '그동안 정말 재미있었어!'라는 마음으로 그 관계를 훌훌 털어내야 한다. 당신은 그 고객으로부터 얻어낼 수 있는 모든 가치를 얻어냈다. 이제는 뒤돌아보지 말고 앞으로 나아가야 할 시간이다.

어떤 회사들은 매우 공격적인 자세를 취한다. 이들은 먼저 나서서 나쁜 고객을 공격하고 쫓아내면서 공공연하게 이렇게 말한다.

"그들은 우리 회사에 무거운 짐이 되고 있어. 고객 지원 채널을 점거하다시피 하고 있으니 어떻게든 쫓아버려야만 해."

이런 태도 및 접근법은 사업적 차원에서나 홍보 차원에서나 모두 최악이다. 실제로도 이것이 잘못된 선택이라는 증거는 많다. 그들은 계속해서 당신을 찾아올 것이다. 설령 구매 금액이 단돈 몇 달러라고 하더라도 당신의 상품을 구매할 것이다. 그들은 여전히 당신의 고객이지만 그들의 말에 지나치게 귀를 기울이거나 서비스를 지나치게 많이 제공해서는 안 된다. 그들을 대상으로 하는 광고에 들일 돈을 절약하고, 그들을 붙잡겠다며 공격적으로 나서지 마라.

꽃과 악수, 둘 가운데 하나를 선택하라

대상을 확인했으면 **방법**을 테스트해야 한다. 가치가 높은 고객을 파악했다면 어떻게 이들을 유지할 것인가? 아주 단순한 개입이 효과가 있음을 명심하라. 한 연구에 따르면 남성 미용실의 충성 고객 프로그램(100달러당 5달러를 할인하는 쿠폰)은 고객의 생애가치를 29퍼센트 높이는 효과가 있었다.[3] 그런데 이 효과의 80퍼센트 이상은 고객 유지 비율이 개선되는 데서 비롯되었다. 아닌 게 아니라 쿠폰 회수율은 상당히 낮아서, 사람들은 깜짝 놀랐다. 연구 결과에 따르면 그 개선 효과는 경제적 요인보다는 정서적 요인에서 비롯된 것이었다. 그러니 사소한 것부터 시작하지 않으면 나중에 가혹한 대가를 치를 수도 있다.

그리고 한 가지 방식으로 고객에게 개입하는 것에 만족하지 마라. 똑같은 개입이라도 여기에 대한 반응은 사람마다 다르므로 여러 아이디어를 테스트해봐야 한다. 여러 가지 고객 대응 방식을 알아보고 이를 토대로 당신의 접근법을 조정하라. 그리고 떠나갈 가능성이 가장 큰 고객만을 대상으로 테스트를 진행하면 안 된다는 점도 명심하라.

가령 떠날 확률이 95퍼센트 이상인 고객을 대상으로 한다고 해보자. 다음 주문 때 당신은 그들에게 무료 배송을 제안한다. 하지만 그들은 여전히 불만을 느낀다. 당신은 더 공격적으로 나가서 다음 주문 때 20달러를 깎아주겠다고 한다. 이 방법에 재구매를 하는 사람들이 나타나면 당신은 이렇게 생각한다. '성공했어! 비록 우리가 조금 더 포기했지만 어쨌거나 우리는 그 고객들을 붙잡았어!'

하지만 냉정하게 생각해보자. 떠날 확률이 95퍼센트가 아니라 70퍼센트인 고객에게 이런 제안을 했다면 어땠을까? 이들에게 무료 배송을 제안했는데 통했다면 우리는 어떤 결론을 내려야 할까? 연구 결과에 따르면 고객 관계의 위기가 깊어질 때까지 개입하지 않으면 결국 그 때문에 훨씬 더 많은 것을(무료 배송이 아니라 20달러 할인을) 감수하게 된다.

기업은 대부분 고객 유지 전략이 필요하다는 점을 인정한다. 그러나 막상 고객을 유지하는 효과적인 프로그램을 개발하는 방법을 배우는 데는 게으르다. 고객이 '탈퇴' 혹은 '계정 취소'를 할 때까지 기다리면 안 된다. 그들이 떠나갈지도 모른다는 위험 신호를 미리 확인할 수 있어야 한다. 나는 이미 이 신호를 테스트할 도구 두어 개를 제시했다. 고객을 붙잡아두는 문제에서는 고객을 확보할 때와 마찬가지로 모든 사람을 똑같이 대하지 마라. 누구를 대상으로 어떻게 할 것인지 신중하고 정확하게 판단하라. 또한 고객의 면전에서 노골적으로 문을 세게 닫지 마라. 그러나 모든 고객에게 똑같이 좋은 위스키를 주지도 마라.

Chapter 12

구글의 광고 프로젝트에서 얻은 교훈

구글에서 처음으로 프로젝트들을 진행할 때였다. 잠재 고객이 광고를 클릭하게 되는 규칙을 알아내기 위해(즉 모범 사례를 찾기 위해) 수십억 개의 광고 노출을 면밀하게 조사하는 프로젝트가 있었다. 당시는 2011년이었다. 우리는 자극적인 실행 요청 버튼 구축, 광고 리콜 개선, 새로운 브랜드 인지도 확립 등 20가지 정도의 통찰을 결론으로 내렸다. 이 결론은 지금까지도 여전히 모범적인 것으로 꼽힌다. 그러나 그것은 위대한 유산이 아니었다.

문제는 내가 도달했던 결론들이 아니었다. 그 결론들 뒤에 있던 방법론이 문제였다. 우리는 모든 항목을 동등하게 진행했다. 한 번의 클릭은 그저 한 번의 클릭일 뿐이었고, 한 번의 판매는 그저 한 번의 판매일 뿐이었다. 그러나 이제는 당신도 잘 알 것이다. 모든 클릭이나 판매가 다 똑같은 클릭이고 판매가 아님을 말이다.

랜선 너머에 사람이 있다

설문조사 결과 응답자의 87퍼센트가 비행기 여행에서 가장 중요한 요소는 저렴한 요금이라고 응답했다고 해보자(너무도 당연한 사실이라서 군이 상상까지 할 필요는 없을 것 같다).[1] 나머지 13퍼센트는 편안한 좌석과 서비스를 중요하게 여겼다. 다른 모든 응답이 동일하다면 당신은 저렴한 요금에 초점을 맞춘 마케팅 전략을 짤 것이다.

그러나 응답자 87퍼센트는 1년에 딱 한 번만 비행기를 타는데 나머지 13퍼센트는 비행기를 자주 타며 이들이 당신 항공사 매출의 50퍼센트를 차지한다는 사실을 새삼스럽게 알았다고 하자. 그러면 어떻게 하겠는가? 클릭률을 놓고 보면 당신 회사의 홍보 캠페인은 평균적으로 잘 진행되고 있다. 하지만 여행을 자주 하는 그 고객들은 평균에 속하는 집단일까, 아니면 전체 군중의 일부일 뿐일까? 어쩌면 그들은 당신 회사에 그리 중요하지 않은 집단인 건 아닐까?

바로 이것이 교훈이다. 창의적인 랜딩 페이지landing page든, 카피든, 이메일 홍보든, 브랜드든 당신이 구축하는 모든 것은 어떤 고객과 어떤 관계를 발전시켜 나갈 것인지를 고려해야 한다. 가치가 높은 고객과 가치가 낮은 고객은 브랜드의 유산이든, 제품의 내구성이든, 단순히 당일 한정 75퍼센트 할인 제품이든 상관없이 제각기 다른 제품을 선호한다. 우리는 심지어 가치가 높은 고객이 동일한 범주에 속하는 여러 기업을 동시에 좋아하지만 각각의 기업을 좋아하는 이유가 모두 다르다는 사실도 확인했다.

모든 사람은 평등하지 않다

당신의 회사는 치열한 경쟁 속에 놓여 있다. 하루에도 수많은 기업이 도산하는 비즈니스 정글에서 당신은 고군분투하며 여기저기 조언을 구한다. 당신은 배우자나 부모에게 의견을 물어볼 수 있다. 친구들도 자기 의견을 들려줄 수 있다. 어쩌면 당신은 공항에서 돌아오는 길에 당신을 태워준, 친절해 보이는 우버 기사에게 물어볼 수도 있다.

그런데 이 모든 사람의 의견이 같을까? 다르다면 누구의 의견이 더 중요할까? 바로 이 지점에서부터 퍼즐 조각을 하나씩 맞춰나가야 한다.

가치가 높은 고객을 식별해서 개발하고 붙잡아두는 방법은 이제 잘 알고 있다. 그러나 고객에게 메시지를 전달할 때는 그들의 기대치에 맞춰야 한다. 이 일은 고객의 말을 듣는 것에서부터 시작된다. 당신은 그들이 무엇을 찾는지, 그들이 무슨 언어로 말하는지 이해할 때까지 그들의 말을 들어야 한다. 부유한 사람과 대화한다면 아마도 그는 가치와 비용에는 신경을 덜 쓰고 품질과 서비스에 신경을 많이 쓸 것이다. 하드코어 게이머들과 대화한다면 그들은 일반적인 사람들에게는 잘 먹히지 않는 메시지에 귀를 기울일 것이다.

요컨대 가치가 높은 고객을 타깃으로 삼는 것만으로는 충분하지 않다. 당신이 말하는 내용이 상대방에게 공감을 얻지 못하면 실망만 안겨줄 것이다. 그리고 당신 곁에 오래 머물지 않을 것이다.

오른쪽 표를 보자. 모든 고객 관계를 동등하게 바라보는

세분화된 고객의 이메일 열람률 데이터

고객 세분화	이메일 열람률 버전 1	이메일 열람률 버전 2
상위 20%	8.0%	3.0%
차상위 20%	2.2%	3.0%
차차상위 20%	2.0%	3.0%
차하위 20%	2.0%	5.0%
하위 20%	2.0%	6.0%
평균	3.2%	4.0%

회사라면 상대적으로 수치가 높은 '이메일 열람률 버전 2'가 더 강력하다고 추론할 것이다(평균이 높다). 그러나 고객생애가치가 높은 고객과의 대화에 집중하는 회사라면 다르다. '이메일 열람률 버전 1'은 회사에 가장 큰 가치를 되돌려주는 고객에게 특별하게 높은 관심을 포착한다. 자, 당신이라면 어느 고객에게 초점을 맞추겠는가?

이제는 새로운 접근 방식을 구축할 때다. 여기서 당신은 어떤 고객이 어떤 시점에 제품이나 서비스를 구매했거나 구매하지 않았거나 상관없이, 당신이 확보하려고 하는 고객의 장기적인 가치를 고려해야 한다. 앞서 소개한 고객생애가치를 계산하라는 말이 아니다. 그리고 고객 중심적인 회사로 나아가고자 더 많은 고객을 타깃으로 광고를 내보내라는 이야기도 아니다. 이 접근 방식의 중요한 개념을 한마디로 요약하면 다음과 같다.

'누구의 말을 들을지, 어떻게 말을 할지는 당신이 깨달은 통찰을 근거로 하라.'

최고의 기업은 가치가 높은 고객을 끌어당기는 최선의 접근법을 이해하려고 공격적으로 노력한다. 즉 평균에 맞춰서 최적화할 때는 사라져버리고 마는 바로 그 새로운 방식으로 그들에게 말하려고 노력한다. 지름길은 없다. 당신의 고객은 당신이 직접 챙겨야 한다.

내 고객은 직접 챙겨라

여기에는 특별히 미스터리라고 할 것도 없다. 어떤 홍보 캠페인을 벌이든, 어떤 실험을 하든 그것이 고객생애가치에 미치는 영향을 저울질해야 한다. 그 캠페인이나 실험은 언젠가 다시 만날 사람들, 팝업 세일이 끝나고 영원히 떠나버렸던 사람들을 데려왔는가? 당신 회사의 게임 다운로드 횟수는 줄어들겠지만 순수익을 늘려주는 게임 확장팩을 구매할 사람들을 더 많이 끌어모았는가?

지금까지 당신은 모든 고객의 생애가치를 계산하기 위해 노력했다. 이제는 이것들을 활용해야 한다. 지금은 회사의 새로운 규정집을 정리할 시간이다. 그전에 반드시 기억해야 할 세 가지 유의 사항이 있다.

검사를 할 때는 표본 크기가 더 커야 한다

평균을 넘어서는 지점을 바라볼 때는 각 세분 집단(즉 가치가 높은 고객과 가치가 낮은 고객뿐만 아니라 그 사이에 있는 모든 고객)의 표본을 충분하게 확보해야 한다. 그리고 이때 고객에게서 들은 내용이 그들이 속해 있는 집단을 대표하는지 확인해야 한다.

가치가 높은 고객의 범위를 좁게 규정하지 마라

상위 25퍼센트부터 시작하자. 하지만 여전히 계속 유지하고 싶은 고객이 있을 것이다. 따라서 이런 사람들만이 아니라 규모가 더 큰 실험 집단이 필요하다. 여기서 당신은 더 많은 것을 배우고, 점점 더 좋아질 것이다.

가치가 낮은 고객을 최대한 파악하라

가치가 낮은 고객에 대해 최대한 많은 것을 알아내서 피해야 할 부분이 무엇인지 정확하게 파악해야 한다. 웹사이트에 가치가 낮은 고객이 유입되고 있는 이유는 어쩌면 '우리 사이트로 와서 정말 싼 제품을 사세요!' 같은 메시지를 계속 내보내고 있기 때문일지도 모른다.

필요하다면 뒷걸음질도 쳐라. 뒷걸음질은 인생을 성찰하는 것과 같다. 오로지 앞만 바라보면서 당신이 만든 새로운 데이터만으로 학습하려고 하지 마라. 만일 개별적인 고객 차원에서 진행했던 과거의 실험들에서 얻은 데이터가 있다면, 일회성 거래가 아닌 생애가치 극대화라는 관점에서 그 결과를 분석해볼 수도 있다. 현재의 관점을 만일 과거에도 가졌다면 과거의 의사결정이 달랐을 수도 있지 않을까? 과거를 바꿀 수는 없지만 과거에서 교훈을 얻어 미래에 적용할 수는 있다.

마지막으로, 여기서 얻은 통찰을 회사 전체에 공유하라. 그 통찰은 더 많은 돈과 성장이라는 동일한 목표를 지닌 제품 개발 부서와 서비스 부서, 영업 부서에 커다란 영향을 미칠 것이다. 신발과 의류 온라인 쇼핑몰 자포스zappos는 가치가 가장 높은 고객이 가장 높은 수익률을 안겨준다는 사실을 발견했다.[2] 이에 자포스는 365일 왕복 무료 배송과 환불 정책이라는 과감한 전략을 취했다. 고객의 빈번한 구매 및 이문은 반품 및 환불에 따르는 비용을 상쇄하고도 넉넉하게 남았다. 지금까지 배우고 알아낸 내용을 모두와 공유하고, 회사의 전 직원이 새로운 관점으로 고객을 바라보게 하자. 그래야 직원들이 가장 중요한 고객에게 초점을 맞춰 전략을 실행할 수 있다.

예전에는 마케팅 활동의 대상이라고 해봐야 클릭이 전부였다. 사람들이 클릭하게 만들고 상품을 구매하게 하면 성공이 보장되었다. 이게 다였다. 그러나 지금 그 방식은 구식이기도 하거니와 잘못된 것이기도 하다. 오늘날 잘나가는 기업들은 훨씬 더 장기적으로 바라본다. 이들은 가장 가치 있는 고객에게 초점을 맞춰 제품과 서비스와 마케팅을 내놓는다. 그리고 가치가 높은 고객을 붙잡은 다음 이들이 떠나버리지 않도록 설득하는 데 점점 능숙한 솜씨를 발휘하고 있다. 이제는 방향을 틀어 더 먼 곳을 바라봐야 할 때다.

Chapter 13

사람들의 욕망에 호기심을 가져라

고객 관계를 유지하는 일은 때론 멋지고 때론 힘겨운 일이다. 문제는 고객 관계에 대한 이해의 폭과 깊이가 그동안 쌓아온 경험에 한정된다는 점이다. 만일 어떤 사람이 한 가지 유형의 제품만 줄곧 판매했다면 새로운 제품 범주들이 고객 관계를 어떻게 확장할지 감을 잡기 어렵다. 오로지 일회성 판매에만 초점을 맞춰 홍보 캠페인을 해온 사람이라면 보다 더 헌신적인 고객 관계가 얼마나 멋진 기회를 가져다줄지 쉽게 이해하지 못한다. 앞서 5장에서 머신러닝의 가치를 소개할 때 한 차례 이 내용을 살펴봤다. 기존의 여러 전략과 지표들에도 수많은 기회가 있다. 또한 미지의 세계를 탐험하는 것 역시 새로운 지평을 열어나가는 길이다.

당신이 지금 하는 일은 그저 시작일 뿐이다. 더 큰 가치가 있는 고객을 만나기 위해 다른 장소와 기회들을 포착하고 수집하는 것은 회사를 위해 당연히 해야 하는 일이다. 저 넓은 세상에는 아직 이어지지 않은 새로운 고객, 당신과 장기적인 관계를 맺고 싶어 하는 고객이 분명히 있다. 그들의 잠재력과 가치를 제대로 이해하기만 한다면, 그들이 사용하는 마케팅 채널들과 그들이 구매하려는 제품 범주들이 당신 회사에서 차지하는 의미는 한층 선명해질 것이다.

마케터라면 누구나, 지금까지 살펴본 여러 원칙을 적용해서 회사의 사업을 훨씬 세련되게 개선할 수 있다. 그러나 평범함을 넘어 비범한 마케터라면 지금 이 순간 새로운 질문을 하고 새로운 교훈을 얻으며 가장 중요한 고객을 상대로 장기적 관계를 구축할 기회를 놓치지 않을 것이다.

총체적인 비밀이자 전략을 한마디로 말하면, 회사가 지금 하고 있는 일에만 자기를 묶어두지 말라는 것이다.

"이봐, 우리가 홍보 캠페인을 하나 진행했어. 이 반짝거리는 빨간 승용차를 모든 사람이 다 좋아해!"

"좋았어. 그런데 우리 회사에 가장 가치가 있는 고객들은 뭐라고 해?"

"안 좋아해. 그 사람들은 파란색 트럭을 좋아하거든."

"그렇군. 그럼 우리는 어느 쪽으로 가야 할까?"

호기심을 가져라. 당신이 무엇을 할 수 있을지 상상하라. 그리고 그 일을 하라.

Part 3

발전

어떻게
더 뛰어난 성과를
낼 것인가

Chapter 14

어떻게든 문제를
해결해야 하는 당신에게

드디어 여기까지 왔다. 여기까지 오는 동안 당신에게 많은 변화가 있었기를 기대한다. 450달러짜리 신발 한 켤레 거래에 대해 모든 것을 다 안다고 생각했던 자신만만함은 아마도 사라졌을 것이다. 대신 고객과의 대화가 필요하다는 걸 깊이 깨달았을 것이다. 또 당신의 고객 관계 관리CRM 시스템에서 실종된 사람 대 사람의 관계가 당신이 투자한 돈더미 아래에 놓여 있으며, 이 관계를 당신이 발견할 수 있으리라는 낙관적인 기대가 생겼을 것이다. 실제로도 내일은 오늘보다 나을 것이고, 모레는 내일보다 나을 것이다.

　그러나 여전히 한 가지 문제가 당신이 나아갈 길을 막고 있다. 만약 혼자서만 그런 사실을 깨닫고 자신감이 생겼다면 지금까지 배운 교훈들만으로는 충분하지 않다. 당신은 이 소중한 교훈들을 전혀 알지 못하는 사람들로 가득한 커다란 조직의 아주 작은 일부에 지나지 않는다. 그들은 자기만의 의사결정 방법을 가지고 있다. 자기만의 테스트 방법과 자기만의 과정(프로세스), 증거 양식을 가지고 있다. 또 그들은 자기만의 인센티브와 지켜야 하는 영역이 있고 밤만 되면 엄습하는 공포에 시달린다. 바로 이런 것들이 당신이 이루고자 하는 변화를 어렵게 만든다.

　이런 상황에서 어떻게 그들을 당신이 지나왔던 것과 똑같은 학습의 여정에 올려놓을 것인가? 또 어떻게 그들을 안내할 것인가? 회사의 이익과 당신의 이익을 동시에 높여줄 관계를 어떻게 쌓아나갈 것인가? 회사에 대화를 나눌 수 있는 공간을 어떻게 마련할 것인가?

　우선 이 책을 직원들과 읽고 변화의 여정을 시작하는 것도 좋은 방법이다. (물론 희망 사항이다.) 이제 다음 장으로 넘어가서, 쉽지 않은 이 과제를 해결할 몇 가지 방법을 알아보자.

Chapter 15

작은 것부터 시작하라

미국 내에서는 뇌물이 허용되지 않는다. 적어도 공개적으로는 그렇다. 오랜 세월 동안 K 스트리트(미국 백악관 근처 거리의 명칭. 유명한 로비 회사들이 모여 있어서 미국의 로비 및 그 집단을 상징하는 용어로 통용된다―옮긴이)의 로비스트들은 선출된 공직자를 저녁 식사에 초대해 만남의 시간을 가지곤 했다. 로비스트들이 법률을 제정하는 의원들에게 맛있는 스테이크를 사면 의원들은 그들이 하는 말을 몇 시간에 걸쳐 관심 있게 들었다. 그래서 국회의사당 건물을 중심으로 몇 블록 안에는 맛

집으로 소문난 스테이크하우스가 많았다.

2007년 마침내 의회는 로비스트가 개입하는 부패의 출발점을 없애기 위해 무슨 조치든 취할 수밖에 없었다. 문제는 어떤 조치를 실행하느냐는 것이었다. 로비스트와의 저녁 식사를 금지할 수는 있었지만 그렇게 하면 그들은 저녁이 아니라 점심을 먹는 것으로 법망을 피해 갈 게 분명했다. 점심도 금지한다면? 그러면 아침이 있다. 아침도 금지한다면 어떻게 될까? 애피타이저가 있다. 그랬다! 결국 의회가 제정한 규정은 이른바 '이쑤시개 규정'으로 전락하고 말았다. 의회는 포크나 나이프 등으로 먹는 음식 일체를 로비스트가 의원에게 제공하지 못하도록 규정을 만들었다.

그런데 예외가 있었다. '서서 이쑤시개로 찍어 먹는 음식'은 제공해도 된다는 것이다(이 규정이 나온 뒤 미국에서 해마다 의원들을 상대로 리셉션을 주최했던 수산업협회는 그해 메뉴에서 굴 파스타를 제외하고 생굴만 제공했다—옮긴이).[1]

내가 처음 워싱턴D.C.의 사무실에서 몇몇 정부 관계자를 대상으로 성과지표 워크숍을 열었을 때도, 법무부에서 파견된 사람들이 와서 우리가 준비한 음식이 그 규정을 잘 지키는지 확인했다.

그런데 법을 다루는 사람들은 어떤 규정이든 더욱 엄격하게 해석하려는 경향이 있다. 그들은 '가로와 세로가 1인치를 넘어서지 않는 크기여야 한다'는 규정을 지키는지 확인하려고 자까지 동원해 음식을 검사했다. 멋지게 플레이팅된 음식은 당연히 엉망이 되었다.

이렇게 되면 어떤 결과가 빚어질지는 불을 보듯 뻔하다. 지금은 '이쑤시개 산업'이 확고하게 온갖 노하우를 접목해서 자리 잡고 있다. 손님에게 제공하는 음식 관련 규정의 허점을 파고들어 목적을 달성하는 방법을 찾아낸 것이다. 예를 들면 다음과 같은 식이다.

> 케이터링 업체 어케이전스 케이터스Occasions Caterers의 마크 마이클Mark Michael은 "사람들이 다양한 음식을 많이 먹을 수 있도록 머리를 써서 온갖 장치들을 만들어야 했습니다"라고 말했다. … 과거 여러 해 동안 이 업체의 메뉴에는 고기 꼬치부터 디저트인 막대 사탕까지 '커다란 이쑤시개'를 활용한 음식이 40종이나 있었다.[2]

말도 안 되는 얘기다. 당신도 이걸 보고는 정신 나간 짓이라고 생각할 것이다. 이 이쑤시개 산업은 정부의 비효율성을 보여주는 극단적인 사례다. 그런데 한 걸음 물러서서 그 규정이 처음에 내세운 목적을 생각해보자. 로비스트 업체가 정치인에게 행사하는 영향력을 줄이자는 것이 애초의 목적이었다. 정치인들이 로비스트들과 저녁 자리를 너무도 많이 가졌고 이것이 부정부패로 이어졌기 때문이다.

이 목적만 놓고 볼 때 그 규정은 효과가 있었을까? 그랬다. 효과가 있었다. 이 규정으로 의원들은 로비스트들과 저녁 식사를 하지 못하게 되었다. 또한 불법과 적법의 기준을 어떻게 정해서 어디까지 허용할 것인가 하는 분명한 지침도 있었다. 이렇게 해서 세 시간짜리 스테이크 만찬은 서서 음식을 이쑤시개로 찍어 먹는 식사 모임으로 바뀌었다. 즉 규정은 애초에 의도했던 목적을 달성했다. 물론 그 규정은 완벽하지 않았고, 사실은 전혀 완벽하지 않았다. 하지만 그렇다고 하더라도 한 걸음 앞으로 나아간 건 분명하다.

사소한 것들이 만드는 거대한 변화

이런 결론에 다다르고 나면, 거실 소파에 앉아서 그날 밤 밖에 나가 누군가에게 더할 나위 없이 완벽한 말을 해주겠다며 몇 시간씩 궁리하는 건 좋은 생각이 아니라는 데 모두가 동의할 것이다. 그렇게 했다가는 집 밖으로는 아예 나가지도 못할 것이니 차라리 이렇게 질문하는 게 훨씬 나은 방법이다.

'오늘 밤 내가 하지 말아야 할 것에 대해 과거의 경험에서 뭔가를 배울 수 있지 않을까?'

이것 하나만 생각하면 된다.

나는 이쑤시개 이야기의 메시지가 분명해서 마음에 든다. 너무도 많은 기업이 새로운 프로그램이나 전략이나 데이터 해석 도구를 개발하려고 할 때마다 아무것도 하지 않고 모든 것이 완벽하기를 바란다. 그러다 그들이 개발하고자 하는 것이 효과가 없거나 불완전할지도 모른다며 길을 잃어버린다. 데이터가 명백한 통찰로 반짝이거나, 손톱만큼의 편견도 없는 데이터를 수집하거나, 모든 조건에서 입증되고 검증된 모델이 나오기 전까지는 한 발짝도 움직이려 하지 않는다. 그래서 결국 아무것도 하지 않는다.

그런데 바로 이 지점에서 스타트업이 돋보인다. 대부분 스타트업은 스스로 부족하다는 사실을 잘 알고 있다. 또 이런 사실을 전혀 불편해하지 않는다. 그들은 모든 데이터를 가지고 있지 않으며 해답도 없다. 심지어 조만간 그런 데이터나 해답을 얻을 것 같지도 않다. 말 그대로 지리멸렬하다. 사업 자금은 부족하고 변변한 사무실도 없이 차고에서 일한다. 하지만 그들은 이 모든 사실을 받아들이고 개의치 않는다. 그리고 사업의 가능성이 입증될 때까지 계속 움직인다.

스타트업은 100퍼센트가 아닌 90퍼센트 수준의 해결책을 선택해서 실천한다. 사실 세계 최고의 기업들도 마찬가지다. 바로 이런 점이 경쟁자들(막강한 자원과 규모와 인력으로 완벽한 데이터를 얻을 자격이 있다고 믿는 수십억 달러 규모의 대기업들)과 다른 그들만의 강점이다. 대기업들이 세운 기준은 상대적으로 더 높지만, 사실 관료제의 복잡한 망을 통과해 좋은 데이터를 뽑아내는 일이 일반적으로는 더 어렵다.

한걸음씩 나아가다 보면

일단 숨을 깊이 들이마시고 기대치를 낮추자. 완벽함을 찾지 말고 조금이라도 더 나아지는 방법을 찾도록 하자. 소소한 변화들이 우리를 앞으로 나아가게 할 것이라고 믿어야 한다.

솔직히 나도 내가 소개한 고객생애가치 공식으로는 세계 최고의 초콜릿케이크를 만들 수 없음을 인정한다. 그저 지금까지 맛본 초콜릿케이크들에 비해 조금 더 나은 것을 만들 수 있을 뿐이다. 당신은 더 맛있는 초콜릿케이크를 만들 수 있는가?

그렇다면 더 맛있는 초콜릿케이크를 만들면 된다. 그렇지만 완벽한 레시피를 손에 넣기 전에는 절대 초콜릿케이크를 만들지 않겠다는 말은 하지 않도록 하자. 작은 차이들 속에서 헤매지 말고 한 걸음씩 뚜벅뚜벅 앞으로 나아가라.

마케팅 전략에서는 아주 작은 변화에도 위험이 따른다. 반면에 결과가 보장된 변화들은 지루하고 평범해서 매출 증가로 이어지지 않는다. 많은 마케터가 이렇게 말한다.

"잘 봐. 이 새로운 시도를 하려면 5만 달러나 들어. 그러니 올바른 길이라는 확실한 증거가 나오기 전까진 시도하지 않을 거야. 조금 더 알아볼 테니까 몇 달만 기다려봐."

이들은 5만 달러의 위험을 감수하지 않아서 100만 달러의 매출을 놓칠 수 있음을 간과한다. 아무 행동도 하지 않은 채 소파에 널브러져 있음으로써 발생하는 기회비용을 비용으로 바라보지 않는다. 실제로 자기가 채택해서 진행되는 것만을 비용으로 바라본다. 위험이라는 동전에는 양면이 있음을 기억하자. 이제는 그 동전을 뒤집을 때다.

워싱턴에 있는 권력자들이 이쑤시개 규정을 내놓자마자 이 관행이 얼마나 문제인지 많은 사람이 알게 되었다. 로비스트들이 국회의원들에게 육즙이 풍부한 커다란 스테이크를 대접하지 못하도록 막는 규정이 제 역할을 하긴 했다. 그러나 로비스트들은 여기에 적절하게 적응했고 권력자들도 거기에 대응하지 않을 수 없게 되었다.

당신에게 실망을 안겨주려고 하는 말이 아니다. 내 말의 요지는 아무리 훌륭한 아이디어라도 영원히 통하지는 않는다는 것이다. 혹시 이성을 유혹할 때 최고라고 생각하는 '작업 멘트'를 머리에 떠올린 적이 있는가? 누군가에게 이 말을 하면 상대방이 곧바로 홀딱 빠질 그런 말 말이다. 그러나 당신이 그렇게 좋은 걸 생각해냈다면 다른 사람들도 그 말을 생각해냈을 가능성이 크다. 그로부터 몇 달이 지나고 나면 그 작업 멘트의 독창성은 사라지고 만다. 왜냐하면 다른 사람들도 모두 그 말을 하기 때문이다. 그렇다. 시장은 바뀌고 당신의 고객도 바뀐다. 따라서 우리가 개척하고 나아갈 과정은 끝이 없이 이어진다.

많은 마케터가 그들이 안고 있는 문제를 완벽하게 해결하는 방책을 찾으려고 한다. 하지만 이런 태도는 오히려 앞으로 나아가는 데 방해가 된다. 만약 의회가 로비스트들의 스테이크 전략을 완벽하게 통제하려고 했다면, 가능한 모든 허점의 대안을 확실하게 마련하기 전까지는 나서지 않았을 것이다. 한마디로, '이쑤시개 규정'이라고 조롱받는 법률 따위는 제정하지 않았을 것이다. 그러나 이런 사고방식은 작은 변화가 가져다줄 수 있는 영향을 과소평가한다. 완벽하지 않은 걸음걸이는 분명 덜 매력적이다. 그러나 완벽한 돌파구나 변화는 매우 드물다. 날마다 할 수 있는 일에 집중해서 마케팅 방식을 조금씩이나마 개선하는 것이 훨씬 생산적이다. 이런 작은 개선들은 차곡차곡 쌓인다. 이것이 바로 많은 마케터가 결코 실현되지 않을 완벽한 해결책을 추구하느라 간과하는 '개선'이다.

Chapter 16

때로는 정치도 필요하다

이 책의 앞부분에서 나는 변혁적일 수 있었지만 빗나가고 말았던 복잡한 프로젝트를 언급했다. 그 프로젝트의 야망은 너무나 컸다. 이것을 완성한 퍼즐 조각들은 끊임없이 움직였고 또 너무 많았다. 프로젝트를 추진하던 사람들은 새로운 구상을 내놓을 때까지 인내심을 가져달라고 이사회에 호소했지만 그 호소는 효과가 없었다.

어느 날 밤이었다. 뉴욕 미트패킹 디스트릭트의 자갈 산책길에 있는 한 술집에서 그 프로젝트를 지원했던 수석 부사장이라는 사람을 우연히 만났다. 그가 일행들과 함께 있던 탁자의 술병들로 미뤄 보건대 그 자리에 제법 오래 있었던 모양이었다. 우리는 서로 친했고 그는 술을 제법 마신 뒤였다. 그래서 같은 회사에 다니는 고위 임원과 나눌 법한 대화보다는 훨씬 솔직한 대화가 오갔다. 나는 그에게 요즘 어떻게 지내는지 물었다. 그러자 그는 한 치의 거리낌도 없이 대답했다.

"그만 은퇴해야 할까 봐. 이 프로젝트엔 나한테 이득이 되는 게 없어. 그런데 해야 해. 왜냐? 위에서 하라고 하니까. 앞으로 두어 달 동안 운영위원회 회의에, 이사회 보고와 업데이트에, 광대 짓거리에 그냥 죽어라 매달려야 해. 나중에 가서 보면 아무것도 없겠지."

그는 잠시 한숨을 쉬더니 말을 이었다.

"그런데 만약에 일이 잘못되면 말이야. 그 모든 책임을 내가 지겠지. 아마 내 보너스를 깎을 거야. 한 푼도 주지 않든가. 그런데 더 화나는 게 뭔지 알아? 그런 다음 나 대신 그 자리에 앉는 사람은 그 프로젝트가 제대로 굴러가면 모든 공을 독차지할 거라는 사실이야. 분명히 이런 말이 나올 거야. '저거 봐, 책임자가 바뀌자마자 갑자기 마케팅 성과가 천장을 뚫고 올라가잖아! 진작 바꿨어야 했는데'라고 할 거라고! 이러니 내가 왜 이 프로젝트에 매달려야겠냐고. 그만둘 거야."

지금까지도 나는 그가 프로젝트를 계속 맡아서 진행했다고 해도 과연 변혁을 이뤄낼 수 있었을지 확신이 서지 않는다. 프로젝트는 너무 부풀려져 있었고 이해관계자도 너무 많았다. 그러나 그가 없었다면 일이 시작되지도 않았으리라는 점은 분명했다.

방금 한 이야기는 사업 이야기 같지만 사실 이것은 사람 사는 이야기, 인간관계와 관련된 이야기다. 데이터만을 가지고 어떤 프로젝트를 설명해서는 단 한 사람도 설득하지 못한다. 설득하고자 하는 사람들이 그 자리에 오게 된 동기와 그들이 느끼는 감정, 그들이 처한 조건부터 먼저 이해해야 한다. 막연하게 가정하는 게 아니라 온전히 이해해야 한다. 그들의 머릿속에 있는 '내가 이 사람에게(또는 이 아이디어에) 관여할 때 내 미래가 더 좋아질까?'라는 생각을 고려해야 한다.

그렇다고 해서 그들이 프로젝트에 전혀 신경 쓰지 않는다는 뜻은 아니지만 각자 인센티브가 다르므로 위험을 감수하는 정도도 제각기 다르다. 예컨대 우리는 다음과 같이 말하는 사람들과 함께 일하고 있는 것이다.

"그거 알아? 나는 가치가 높은 고객을 우선하고 싶지 않아. 왜냐하면 이런 신호들은 800명에게 카탈로그를 보내는 우리의 오프라인 프로그램이 더는 효율적이지 않다고 말하는 거잖아. 나는 지금 쓰고 있는 프로그램을 바꾸고 싶지 않아. 나로서는 내 팀이 필요하고 예산이 필요해. 나는 지금이 좋고 바뀌는 게 싫어."

솔직히 말하면 이런 정직함은 많은 시간을 절약해준다. 보통은 이와 똑같은 메시지가 온갖 데이터와 수치로 빼곡한 50장의 슬라이드에 숨어 두루뭉술하게 제시되기 때문이다.

숫자보다 직관을 따르는 사람들

당신은 대화의 기술을 습득할 수 있다. 또 보상을 안겨주는 장기적인 고객 관계를 구축하는 데 깊은 관심을 가질 수 있다. 그러나 이런 노력이 성공을 거둘 수 있을지는 회사의 현실적인 여러 모습에 달려 있다. 사람들, 개인과 팀, 승자와 패자는 앞으로 나아가려는 당신의 발목을 잡을 것이다. 또 이사회와 임원진과 직원 사이의 차이점도 발견할 것이고 자기의 예산과 영역을 지키겠다며 단호하게 나서는 팀들을 볼 것이다. 또 어떤 이들은 새로운 제국 건설에 나서고, 어떤 이들은 장차 닥쳐올 위험에 몸을 사릴 것이다.

지표와 데이터로 조직을 움직이는 것이 얼마나 고통스러

운 일인지 깨닫지 않고서는 대화와 관계가 가져다줄 수 있는 것에 대해 말할 수 없다. 마케팅 관련 의사결정의 경우 6퍼센트만 데이터를 근거로 한다는 사실을 우리는 잘 안다.[1] 그리고 그 의사결정의 약 50퍼센트는 개인적인 경험과 직관과 판단에 따라 이뤄진다. 흥미롭게도 이 비율은 고위 의사결정권자와 하위 의사결정권자 사이에 큰 차이가 없다. 나머지 20퍼센트의 의사결정도 절반은 상사의 지시에 따라, 절반은 동료의 의견에 따라 이뤄진다.

데이터로 사람들을 설득하는 기술

사람들이 의사결정을 내릴 때 데이터를 사용하기 싫어하는 것은 아니다. 그러나 의사결정 과정에서는 많은 변수가 작용한다. 만약 사람들이 움직이려 하지 않거나 변화를 꾀하지 않는 상황이라면 이를 타개할 방법이 몇 가지 있다.

구성원의 분위기를 읽어라

어떤 주제에 대한 데이터가 있는데, 당신이 이 데이터를 발견하고 변화의 열정으로 달아올랐다고 하자. 그렇다면 이것을 슬라이드에 담아 사람들에게 보여주기만 하면 그들이 당신과 똑같이 열정적으로 바뀔까? 정말로 그렇게 생각하는가? 만일 그렇다면 잘못 생각하는 것이다. 사람들은 데이터를 기반으로 하는 의사결정이 어쩐지 멋있게 들리기 때문에 그런 의사결정을 소리 높여 떠들어대기를 좋아한다. 그러나 사실은 모두가 자신의 역할과 관심사라는 렌즈를 통해 그 데이터를 해석한다.

그렇다면 프레젠테이션 자리에 앉아 있는 사람들이 실제로 듣고 싶은 건 무엇일까? 만약 당신이 가난한 고객을 확보하고자 어떤 마케팅 프로그램을 요청한다면 그 프로그램의 배후에 있는 팀은 당신의 주장에 이의를 제기할 것이다. 당신은 그 자리에 있는 사람들의 인센티브가 무엇인지, 그들이 나중에 누구에게 보고할지 알아야 한다. 당신의 설명을 들으려고 모인 사람들에 대해 아무런 생각도 하지 않고, 그들 각자의 관심사를 고려해 메시지를 어떻게 전달할지 생각하지 않는다면 변화를 촉구하는 것이 아니라 저항만 부르는 꼴이 될 것이다.

관련 정보를 수집하라

어떤 사업이든, 어떤 프로그램이든 이해관계자들은 저마다 다른 방식으로 받아들인다. 특히 고객에 대한 기대치와 거기에 동반되는 관계에 대해서는 더 그렇다.

"우리 고객은 가격에만 신경을 써요."

"우리는 고객을 확보하는 데 들어가는 비용을 6개월 안에 회수할 필요가 있습니다."

"우리는 이 분석 플랫폼을 진실의 원천으로 사용합니다."

위 세 가지 추정을 가능케 한 근거를('그 주장은 테스트 결과를 근거로 했는가?', '그 테스트를 누가 진행했는가?', '언제 했는가?', '어떤 방법론으로 했는가?' 등을) 명확하게 파악하는 것이 매우 중요하다. 그런데 일반적인 반대 의견들 가운데 하나는 과거에 고객생애가치를 파본 적이 있는 사람이 낸다. "우리도 그런 시도 벌써 해봤어. 안 돼"라는 말로 말이다. 더 흔하게는 "내가 다른 회사에 있을 때 해봤는데, 실패했어"라고 말하기도 한다. 이럴 때는 어떤 방법론을 동원했으며 그 방법론을 어떻게 사용했는지, 그때 지표가 무엇이었는지 질문하라.

지키지 못할 약속은 하지 마라

당신은 지금, 회사가 오랜 세월 동안 지켜왔던 거래 방식을 포기하라고 말하고 있다. 그리고 고객의 가치를 생애에 걸쳐 평가하는 접근법을 추진함으로써 엄청난 결과를 몰고 올 영역으로 진입하자고 동료들을 설득하고 있다.

이런 프로젝트에서는 늘 그렇지만 "우리는 지금부터 고객생애가치를 사용할 것입니다!"라는 단순한 선언만으로는 부족하다. 오히려 역효과가 날 수도 있으므로 좀 더 구체적으로 말해야 한다.

"우리는 고객의 생애가치를 계산하려고 노력할 것입니다. 그런데 여기에는 이러저러한 데이터들이 필요합니다. 그리고 어떤 조치를 하기 전에 먼저 보고서를 통해 결과를 비교해보겠습니다."

크고 넓은 전망을 가져서 나쁠 건 없다. 그러나 작은 걸음으로 조금씩 앞으로 나아갈 때 장차 일어날지 모를 일들에 대한 불안감은 줄어들 것이다. 그리고 이 작은 성공들을 바탕으로 프로젝트는 튼튼하게 진행될 것이다.

결과를 존중하기로 사전 합의하라

새로운 것을 시도하기 전에 그 시도에 영향을 받을 팀으로부터 동의를 얻을 필요가 있다. 우리가 의뢰를 받아 작업을 수행하는 회사들 중에는 "우리는 데이터가 판단하는 대로 따르겠습니다"라고 말하는 곳이 무척 많다.

가장 자극적이고 흥미진진한 프로그램들은 조직 내부의 변화에서 비롯된다. 이것이 실제 현실의 모습이다. 변화란 뭔가 다른 것을 한다는 뜻이다. 만약 어떤 회사가 새로운 어떤 분야에 투자한다면 기존에 투자하던 분야에는 투자하지 않을 게 거의 확실하다. 새로운 것을 시도한다면 버려지는 것이 나타날 가능성이 크다.

실험 결과가 나왔음에도 회사가 그 결과를 바탕으로 의사결정 내리기를 미루면 판단 과정에 감정이 개입하게 된다. 그리고 사람들은 실험 결과에 대해 느끼는 감정, 자신의 역할 및 앞으로 주어질 예산이 달라지리라는 사실에 휘둘리고 만다. 그들은 새롭게 제시되는 방법론과 통찰을 갈기갈기 찢어버리려고 할 것이다.

따라서 사전에 미리 합의를 해두는 것이 중요하다. 예를 들어 경영진 차원에서는 "잠재적인 고객을 무턱대고 끌어들이기보다 더 가치 있는 고객을 확보해야 한다는 사실이 드러나면, 현재 우리가 설정하고 있는 핵심성과지표^{KPI}를 바꿀 수 있겠습니까?"라는 질문에 대한 대답이 사전에 합의되어야 한다.

마케팅팀 차원에서는 "만일 테스트 결과로 예산을 다시 배정해야 한다면 그렇게 할 준비가 되어 있습니까? 그리고 그렇게 하겠습니까?"라는 질문에 대한 대답이 사전에 반드시 합의되어야 한다.

이런 합의가 전제되지 않으면 나중에 논쟁이 일어나고,

실험과 테스트를 통해 나온 결과는 결국 쓰레기통에 버려지고 만다. 회사는 다시 원점으로 돌아가고 변화는 요원해진다.

이 책은 협상을 다루는 논문이 아니다. 나는 단지 협상의 필요성을 강조할 뿐이다. 의사결정은 오로지 데이터만을 가지고 하는 것이 아니며 사람들이 의사결정을 내리는 방식을 누군가가 쉽게 바꿀 수도 없다. 의사결정을 내리는 사람은 고객의 데이터뿐만 아니라 자신의 개인적인 관점, 자신의 역할, 관심사, 데이터 등 다양한 요소를 고려한다. 그리고 이런 요소들 때문에 의사결정 결과에 특정한 편향이 스며든다. "개인이 아니라 회사 차원에서 생각하세요!"라는 말만으로는 그런 편향을 막을 수 없다. 그 깃발 아래에는 아무도 모이지 않을 것이다.

하지만 이 게임의 규칙들을 이해하고, 함께 게임에 참여하는 사람들의 상황을 안다면 달라질 수 있다. 규칙을 이해하는 한 당신은 제대로 된 결과를 향해 나아갈 수 있다. 언제나 데이터가 승리할 것이라는 맹목적인 낙관주의를 신봉하다가는 반드시 벽에 부딪힌다는 사실을 명심하라.

Chapter 17

테스트를 일상화하라

예전에 내가 담당하던 광고주 두 곳의 이야기다. 두 회사 모두 여행사였고 이들이 접근하려던 고객층도 동일했다. 사소한 차이를 무시하고 본다면 두 회사는 똑같은 상품을 파는 것이나 다름없었다.

어느 날 오후에 나는 우리가 확인한 제법 중요한 사실을 두 회사에 일러주었다. 소비자들이 외국의 여행지 선택과 관련된 결정을 내리는 방식에 대한 제법 흥미로운 정보였다. 그런데 이 정보 자체보다도 두 회사가 보인 반응이 훨씬 흥미로웠다. 첫 번째 회사의 CMO(최고마케팅책임자)는 늘 그랬듯이 우리에게 매우 고마워했다.

"오, 그거 정말 환상적이네요!"

그러고는 자기들은 데이터 기반 회사이며 재빠르게 그 정보를 활용하고 싶다고 말했다. 그들은 곧장 작업에 착수했는데, 테스트 계획을 세우고 실험을 설계하고 필요한 승인을 얻기까지 서너 주가 걸렸다. 그 모든 것이 끝나자 내게 결과를 보여주면서 검토해주면 좋겠다고 했다.

두 번째 회사의 경영진도 내가 제공한 정보에 열의를 보였는데 첫 번째 회사와는 조금 달랐다.

"당장 내일부터 테스트를 시작해보겠습니다. 시간은 얼마 걸리지 않을 것입니다."

두 회사 모두 실험의 가치를 믿었으며 내가 제공했던 아이디어를 곧바로 실험했다. 그러나 한 회사는 경쟁사보다 3주 먼저 결과를 얻을 수 있었고, 그 뒤로도 테스트를 한 차례에 그치지 않고 계속해서 해나갔다.

구체적으로 비교하면 첫 번째 회사는 이런 종류의 마케팅 테스트를 한 달에 3~4회 했고, 두 번째 회사는 매주 40~60회나 했다. 어느 회사가 경쟁에서 이길까? 고객에 대해 더 많은 통찰을 얻어내는 회사가 당연히 이길 것이다.

빠르게 학습해야 하는 이유

이 책에서 다루는 내용은 모두 색다른 방식으로 고객을 이해하고 소통하는 방법에 대한 것이다. 그러나 새로운 방법을 시도하기란 어떤 조직에서나 어렵다. 기존에 설정된 우선순위가 이런 시도에 걸림돌이 된다. 위험에 대한 두려움, 조직 곳곳에 배어 있는 관성도 걸림돌이다. 칭찬과 승진이라는 도구로 직원들에게 성공을 강조하는 회사가 효과도 확실하지 않은 새로운 방식을 도입하는 모습은 쉽게 상상할 수 없다. 그렇기에 마케터는 **테스트**라는 간단한 단어에 한껏 야망이 부풀어 오르다가도 '실패'의 가능성 앞에서 망설인다.

하지만 당신에게는 늘 새로운 아이디어들이 필요하다. 그래서 테스트를 일상화해야 한다. 치열한 시장에서 살아남고 성장하려면 빠르게 학습해야 한다. 당신이 경쟁해야 하는 최고의 마케터나 최고의 회사는 당신이 따라잡도록 기다려주지 않기 때문이다.

그렇다면 문제는 단순하다. 어떻게 하면 새로운 아이디어들을 신속하게 내놓을 수 있을까? 브레인스토밍을 한답시고 모든 직원을 한 회의실에 모을 게 아니라, 그 모든 가능성이 날마다 당신 앞에서 펼쳐지게 만들 수는 없을까? 사람을 불안하게 만드는 콘셉트를 어떻게 하면 조금이라도 더 편안하게, 더 마음에 들게 만들 수 있을까?

테스트를 습관화하는 방법

단순히 테스트를 더 많이 하자는 것만으로는 충분하지 않다. 한번은 어떤 회사가 우리를 찾아와서 테스트를 많이 하고 싶다고 했다. 그래서 내가 어떤 종류의 테스트를 원하느냐고 물었더니 이런 대답이 돌아왔다.

"상관없습니다. 아무 테스트나 괜찮습니다. 설령 잘 안 되어도 괜찮습니다."

결국 전혀 놀랍지도 않은 결과가 나타났다. 불필요한 지출과 시간 낭비, 변변찮은 테스트 결과까지, 모든 게 쓸모없었다. 나중에 밝혀진 사실이지만 이 회사는 모든 직원의 보너스를 직원별 테스트 실시 횟수에 연동시키는 방식으로 테스트를 장려했다. 분기당 최소 30회의 테스트를 진행하도록 했지만 회사는 테스트에 따른 효과를 보지 못했다.

이런 방식은 우리가 하고자 하는 방식이 아니다. 분기별이든 연도별이든 적어도 몇 회의 테스트를 해야 한다는 식으로는 접근하지 마라. 최상의 테스트 실천 방안이 중요하다. 어떻게 하면 테스트를 더 잘할 수 있을지를 고민하고 이야기해야 한다. 다음은 효율적인 테스트를 위해 준비해야 할 사항이다.

병목 현상을 제거하라

문제는 테스트할 아이디어를 떠올리는 것이 아니라 그것을 논의 대상으로 올려놓는 것이다. 대체로 아이디어들은 데이터와 가장 가깝게 있는 사람들이 제시하지만 최종 의사결정권자에게로 가는 도중에 실종되고 만다.

한 데이터 분석가는 상사에게 10가지 아이디어를 가지고 가면 "이봐, 내가 CMO에게 이 10가지 아이디어를 모두 가지고 가서 설명하고 제안할 수는 없잖아. 그러니까 이 가운데서 하나만 선택하자"라는 말을 듣는다고 한다. 그 CMO의 산하에는 다섯 개 팀이 있어서 각 팀은 최고라고 생각하는 아이디어를 하나씩 제안한다는 것이다.

결과적으로 CMO는 다섯 개의 아이디어를 갖게 된다. 그렇지만 모든 아이디어에 예산을 책정하고 자금을 댈 순 없기에 CMO는 그중 가장 그럴듯하게 보이는 것 하나를 선택한다. 그러면 이 회사의 데이터 분석가들은 어쩔 수 없다는 듯 어깨를 으쓱하면서 이렇게 말한다고 한다.

"우리 회사가 데이터를 기반으로 의사결정을 내리면 정말 좋겠어."

훌륭한 아이디어들이 이렇게 걸러져서 사라진다. 그 아이디어들을 모두 검증할 시간과 돈과 규율이 없기 때문이다. 이 병목 현상이 회사의 발걸음을 느리게 만든다. 이런 결과는 그들에게 기회가 없었기 때문이 아니다.

모든 사람을 참가시켜라

어렵지 않다. 마케팅 부문 전체에 걸쳐 단일한 프로세스로 테스트하라. 모든 사람이 제안을 한곳으로 보내게 하되 스프레드시트나 온라인 양식을 사용하도록 하라. 단, 다음 네 가지 항목은 반드시 포함되어야 한다.

1. 제안하는 가설은 무엇인가?
2. 이 가설을 뒷받침하는 데이터는 무엇인가?
3. 그 가설을 어떻게 테스트할 것인가?
4. 테스트 결과를 바탕으로 회사가 새롭게 시도할 수 있는 것은 무엇인가?

이 테스트는 관료주의와 관련된 그 어떤 것도 개입되어선 안 된다. 부서나 사업별로 데이터가 고립되는 사일로 현상도, 데이터를 걸러내는 필터링 현상도 있어선 안 되며 작성자의 직함이나 소속 팀, 이름이 들어가서도 안 된다. 만일 유료 검색 전문가들이 소셜미디어와 관련된 아이디어를 가지고 있다면 그 내용을 공유받아라. 그리고 아이디어 목록은 최고 의사결정 권자가 관리하게 하라. 이상적으로는 CMO가 적임자다. 이들 이 해야 할 일과 역할에 대해서는 조금 뒤에서 설명하겠다.

이것은 구글엑스[1]에서 영감을 얻은 접근법이다. 세계에 서 가장 어려운 문제들을 해결하려고 노력하는 문샷 팩토리 Moonshot Factory('혁신적인 것을 만드는 공장'이라는 뜻으로 구글엑 스의 애칭―옮긴이)의 실제 운영 방식이기도 하다.[2]

기회를 주고 포상하라

테스트를 많이 수행하고자 하는 열망이 있어도 정체되고 답답한 사무실 문화 때문에 열망이 사라지는 경우가 대부분이 다. 실행 단계까지 발전하지 못하는 아이디어가 너무도 많고, 자주 실행되어야 함에도 그렇게 되지 않는 테스트가 너무 많 다. 이메일로 독려하거나 테스트 횟수를 성과 평가에 연동시 킬 수도 있지만 가장 효과가 있는 방식은 경연이다. 이것은 새 로운 과정일 뿐만 아니라 하나의 기회이기도 하다. 경연을 마련하고 상을 주어라. 현금도 좋고, 티셔츠도 좋고, 사장과 함께 하는 점심도 좋다.

포상의 목표는 직원들이 과거를 돌아보도록 동기를 부여 하기 위함이다. 또한 데이터를 통해 무엇을 실현할 수 있을지 꿈을 꾸도록 독려하는 것이다. 경연 방식으로 포상을 한다는 건 경영진이 마침내 여기에 투자하고 있음을 직원에게 알리는 겸손한 제스처다. 그렇게 한다면 직원들도 진심을 담아 양질의 테스트 결과를 내기 위해 애쓸 것이다.

결과가 아니라 아이디어에 보상하라

테스트가 제대로 진행될 수 있도록 하는 진짜 비결이 하나 있다. 바로 테스트를 실행하기 전에 상을 먼저 주는 것이다. 어쨌거나 테스트를 하는 목적은 확실하고 안전한 것을 추구하자는 게 아니지 않은가? 확실하고 안전한 것들이라면 굳이 테스트할 필요도 없다. 따라서 상은 회사를 도약시킬 수 있는 최고의 아이디어, 최고의 가설에 돌아가야 한다. 바로 이 점이 핵심이다.

이렇게 해서 월말이 되면 경영진은 적게는 50개에서 많게는 100개나 되는 아이디어를 받아들고 살필 수 있다. 이 아이디어들은 모두 각자의 데이터로 검증된 것이며 각각의 팀에서 제시한 것으로, 하나하나가 그 회사의 미래 기회이기도 하다. 이는 경영진의 생각을 바꾼다. 경영진은 **기존** 데이터와 인력을 통해 수백만 달러를 벌어들일 가능성을 본다. 이제 그들에게 중요한 것은 이 테스트들을 실행할 방법을 알아내는 것뿐이다. 이미 몇몇 기업은 새로운 아이디어의 숫자와 스프레드시트 차원에서 실행한 테스트의 숫자를 추적해서 회사 발전의 지표로 삼기 시작했다.

최근에는 새로운 아이디어를 테스트하는 데 방해가 되는 요소들이 갑자기 관심의 대상이 되었다. 테스트 비용을 떠안아야 할 주체가 누구인지 알아내기가 그렇게 어려운가? 기존에 책정된 예산은 현재 제시되는 수많은 아이디어를 테스트하기에는 너무 적지 않은가? 테스트 진행과 관련된 허가가 너무 어려운가? 웹사이트를 업데이트하는 일이나 광고하는 일이 너무 어려운가?

회사의 직원들에게만 물어볼 게 아니라 협력 업체나 광고 네트워크, 대행사 사람들에게도 물어보라. 이들에게도 경연의 문을 활짝 열어라. 당신에게 오는 모든 아이디어가 회사가 성장할 기회다. 이런 과정을 따라갈 때 회사는 점점 더 나아질 것이다. 이미 수많은 기업이 이렇게 해서 개선에 성공하고 더 크게 도약할 수 있었다.

테스트 문화가 일상화되려면

모든 사람이 위험을 감수하더라도 더 많은 테스트를 진행하려는 경우도 있다. 그러나 동기부여나 의지만 있다고 해서 테스트가 실제로 진행되지는 않는다.

실무자들에게 물어보라

경영진은 대부분 테스트의 실제 과정을 모른다. 그런데 최근에 어떤 멋진 아이디어에 푹 빠진 CMO가 이 아이디어를 테스트하고 싶다고 말한다면 어떨까? 장담하건대 이 테스트 작업은 빠르게 진행될 것이다. 모든 사람이 그 일에 팔을 걷고 나설 것이다. 물론 지위가 높은 사람일수록 회사 내에서 어떤 아이디어를 테스트하는 것이 얼마나 어려울지에 대한 이해도는 그만큼 떨어진다. 권력과 권위는 회사의 시간과 돈과 재능을 최대한 활용하지는 못하지만 그래도 어떤 일을 완수하는 데는 놀라운 역할을 한다.

대부분 회사에는 최고의 아이디어를 가진 직원들이 날마다 데이터와 씨름하고 있다. 이들은 제대로 기회만 주어진다면 회사를 엄청나게 바꿔놓을 길을 찾으려고 고군분투한다. 이들에게 그냥 묻기만 해도 된다. 그리고 이들이 아이디어를 실행으로 옮기는 것을 방해하는 장애물이 무엇인지 파악하고, 대시보드 작성을 포함해 일정 업무를 기꺼이 위임하라.

사일로들을 무시하라

CMO는 일반적으로 수익이나 매출액, 당사자에게 들어간 비용 등 특정 지표들에 따라 분기마다 성적표를 받아 든다. 이런 지표들이 CMO에게 동기로 작용하면 그로서는 당연히 예산의 마지막 1달러까지도 그 지표들이 개선되는 쪽으로 사용되기를 바란다. 특히 일이 잘 풀릴 때면 마케터들은 몰입감을 느끼며 생색을 내려는 경향이 있다. 예를 들면 이런 식이다.

"우리는 그 어느 때보다 빠르게 성장하고 있어. 우리는 모든 것을 잘하고 있다고. 그런데 확실하게 굳은 돈을 굳이 쓸데 없는 데 낭비할 이유가 있을까? 미친 짓이야. 그 돈은 우리 사업의 연료로 사용하는 게 더 낫지!"

그러다 성과가 나빠지기 시작한다. 아무리 노력을 기울여 봐도 성과지표들은 변변찮기만 하다. 노력과 성과의 간극을 줄이려 노력하고 1달러의 예산조차 아껴가며 투입한다. 최대한 안전하고 단순하며 방어 가능한 상태로 유지하려고 노력한다. 결국 테스트로 돌릴 예산 여유는 없다. 테스트는 그저 위험을 안겨주는 것일 뿐이다.

"지금은 말도 안 되는 이상한 아이디어를 시도할 때가 아니야!"

결국 새로운 아이디어 테스트는 하지 않는다. 과연 어떻게 될까? 언젠가 여유 있고 한가해지면 테스트하겠다는 계획이 있었겠지만 그 최적의 시점은 아마도 나타나지 않을 것이다.

테스트와 관련해 내가 본 최고의 모델은 테스트 예산을 마케팅 및 성과지표와 무관하게 독립적인 계정으로 편성하는 방식이었다. 몇몇 회사에서는 이 예산을 연구개발R&D이라는 항목으로 편성한다. CFO의 관점에서는 미래의 성공을 시사하는 연구개발이라는 항목을 지출 개념이 아니라 투자 개념으로 받아들인다. 이런 변화는 테스트를 실행하는 사람들에게 분기별 목표에 얽매이지 않고 일할 수 있는 여지를 제공한다.

그냥 단순하게 나가라. 고객에 대해 뭔가를 새롭게 알게 되었느냐는 질문에 '네'라고 대답할지, '아니요'라고 대답할지만 확인하면 된다.

현실성을 고려하라

아마존이 또 하나 잘한 점이 있다. 제프 베이조스는 의사결정을 두 가지 유형으로 나눴는데,[3] 첫 번째 유형은 되돌릴 수 없는 의사결정이다. 베이조스는 "이런 의사결정은 심사숙고와

폭넓은 협의 아래 체계적으로 신중하게, 천천히 내려야 한다"라고 주장했다. 그러나 대부분의 의사결정은 나중에 바꿀 수 있다. 이것이 두 번째 유형의 의사결정이다. 베이조스는 이를 '양방향으로 열리는 문'이라고 불렀다. 아마존에서 이런 의사결정은 최고경영진까지 올라가지 않고 신속하게 이뤄진다.

회사의 조직이 커질수록 첫 번째 의사결정의 엄격한 기준이 두 번째 의사결정에 적용되는 경향이 커진다고 베이조스는 말했다. 이런 경향은 매우 치명적이라서, 최고의 회사들은 이를 피하려 한다. 심지어 어떤 회사들은 아주 멋지게 해치우기도 한다. 나는 테스트를 진행하면서 그 비용으로 살 수 있는 자동차 브랜드명을 테스트의 이름으로 붙인 회사와 일한 적이 있는데, 그들은 캠리(보급형 자동차)를 찌그러뜨릴 때보다 페라리를 찌그러뜨릴 때 늘 조금이라도 더 조심했다.

과거의 사례들을 활용하라

해결할 과제가 너무도 명백해서 과거의 연구들과는 무관하다고 생각하는 사람도 있다. 이들은 아무것도 없는 무無의 상태에서 문제에 접근하려고 한다. 그러나 이런 함정에 빠지지 않도록 하자. 과거에 진행된 수천 건의 테스트에서 우리가 해답을 찾아낸 광고 분야가 여럿 있다. 우리는 그 테스트 결과를 항목별, 국가별, 회사의 규모별, 시간대별로 얼마든지 분류할 수 있다. 하지만 여전히 "아니야, 우리 회사는 상황이 다르니까 우리만의 고유한 테스트가 필요해"라고 말하는 사람도 분명 있을 것이다.

당신은 수많은 전문적인 연구의 보물창고를 마음껏 사용할 수 있다. 그리고 얼마든지 당신의 것으로 만들 수 있다. 이 책에서 나는 지금까지 누구나 이용할 수 있는 연구 저작들을 인용했다. 이것들은 이미 발표된 것이고 누구나 쉽게 찾아볼 수 있다. 대체로 이 연구들은 회사가 독자적으로 수행하는 것들보다 정밀하다. 그런데 이런 사실을 사람들은 쉽게 무시한다. 자기 회사만의 고유한 특성이 존재한다는 잘못된 인식 때문이다. 좀 더 솔직하게 말하면 파워포인트 슬라이드 없이 40페이지에 이르는 어렵고 복잡한 문장을 읽어야 하기 때문이다.

테스트를 시작하기 전에 활용할 수 있는 증거들로는 어떤 것들이 있는지 미리 확인하자. 그리고 이것을 당신의 테스트 전략에 포함시켜라.

말 전달 게임을 하지 마라

테스트를 실행하는 사람과 의사결정을 내리는 사람 사이의 거리는 최대한 가까워야 한다. 테스트 결과들이 연쇄적인 고리를 따라 사람에게서 사람으로 전달될 때, 그 테스트를 통해 확인된 새로운 사실들은 남에게 들려주고 싶은 이야기에 적합하도록 서서히 바뀌곤 한다.

말도 안 되는 일이긴 하지만 일종의 '말 전달 게임'이 벌어진다. 온갖 말들이 덧붙여지고 온갖 말들이 빠진다. 미묘한 뉘앙스는 사라진다. 이렇게 몇 단계를 거치고 나면 테스트 결과가 전혀 다르게 바뀌어버린다. 테스트 결과를 놓고 의사결정을 내려야 하는 사람은 테스트를 관리한 사람, 테스트를 관리한 사람을 관리한 사람이 아니라 테스트를 직접 진행한 사람과 대화를 해야 한다. 진실은 출발점에서 찾을 수 있다.

기념물을 세우지 말고 통찰을 쌓아라

당신은 테스트 과정을 거쳤고 거기서 새로운 통찰도 얻었다. 이제는 출발해서 달리기만 하면 된다. 잘했다! 그러나 당신의 기를 꺾고 싶지는 않지만 앞서도 언급했듯이 영원한 것은 없다. 그 통찰이 아무리 소중하고 도발적이라고 해도 테스트를 언제 다시 할 것인지 분명하게 합의해야 한다.

예전에 출처가 알려지지 않은 몇 가지 가설과(이 가설들 각각은 앞으로 해야 할 의사결정에서 큰 비중을 차지하는 것이었다) 관련된 프로젝트들에 참여한 적이 있었다. 그런데 어떤 회사에서는 고객층의 이탈률이(마케터들은 이 비율이 **해마다 변함없이** 3퍼센트라고 추정했다) 이미 1990년대부터 고정되어 있었다. 그때 이후로 별도의 조사도 하지 않은 채 줄곧 '복사하기-붙이기'를 했던 것이다. 과거에 옳았던 것도 지금은 틀릴 수 있음을 기억하라. 테스트를 일상화하고 그 결과들을 차곡차곡 쌓아가라.

기업은 새로운 아이디어들을 만들어내는 일이 아니라 그 아이디어들을 실행으로 옮기는 일에서 어려움을 겪는다. 온갖 이해관계들에 둘러싸인 수많은 사람은 새로운 아이디어를 실행하는 데 어려움을 겪을 수 있다. 팀원들의 가슴과 머리에서 쉬지 않고 흘러나오는 아이디어들을 논의 테이블에 올려놓는 명확한 과정을 확립하고, 이 아이디어들을 테스트하는 것을 리더십 과제로 삼아라. 그런데 단 하나의 아이디어나 변화를 추진하는 것만으로는 충분하지 않다. 새로운 아이디어를 꾸준하게 내고 이를 테스트하는 문화를 개발하라. 경쟁자들은 이미 매주 수십 건의 테스트를 진행하고 있다. 그들이 당신 좋자고 속도를 늦출 일은 없다. 그러니 당신이 속도를 높여야 한다.

Chapter 18

최고의 기업이 숫자를 다루는 법

한 B2B 중견기업의 신임 영업이사는 걱정이 많았다. 그녀의 전임자는 단기적으로 할당량 이상의 판매 수치를 다른 어떤 것보다도 중요하게 여겼는데 그러다 보니 고객만족도가 낮고 이탈률이 높았다. 한 달에 고액 계약 한 건을 체결하는 것도 2차 계약을 체결할 준비가 이뤄지기 전까지는 후속 통화를 할 가치조차 없었다.

영업이사가 새로 채용된 이유도 바로 거기에 있었다. 그녀는 팀원들에게 동기를 부여하는 것이 무엇인지 알고 있었다.

그녀는 파트너십과 성장을 강조하며 팀원들이 스스로를 단순한 판매자가 아닌 기업계의 현자로 생각하기를 바랐다. 그리하여 변화를 장려할 목적으로 기본적인 지표 하나를 설정했다. 바로 '고객과의 대화 할당량'이었다.

이렇게 해서 영업팀은 매출뿐만 아니라 고객과 나누는 의미 있는 대화의 횟수로 평가받게 되었다. 고객과 나누는 대화 하나하나가 모두 점수가 되었다. 팀원들은 자기에게 할당된 매출과 고객과의 대화 할당량을 충족하면 더 많은 보너스를 받았고, 반대로 기준에 미치지 못하면 훨씬 더 적은 보너스를 받아야 했다.

새로운 지표와 새로운 대시보드, 새로운 책임…. 운영 부문에서는 고객과의 대화가 300퍼센트 증가했다고 보고했다. 영업팀 팀원들은 전보다 더 많은 보너스를 받았다. 프로세스에 기반한 지식으로 찬사를 받은 운영팀 팀원들은 승진했다.

그런데 고객의 행동만 변한 게 아니었다. 후속 테스트에서 한 집단의 고객에게는 평소처럼 대하고 다른 고객에게는 더 많은 주의를 기울였는데 두 집단의 구매 금액이 똑같았다. 그러자 회사는 이 업계에서는 거래 관계 자체가 중요할 뿐 관계의 깊이는 중요하지 않다고 결론을 내렸다. 대체 무엇이 잘못된 걸까?

이 테스트 결과에 영업이사는 고객과의 대화가 어느 정도 깊이로 이뤄지는지 측정하고 싶었지만 자칫 팀의 자율성을 해칠까 걱정했다. 그녀는 자신이 엄격하게 보이는 것을 원하지 않았다. 아닌 게 아니라 자신도 별로 얻는 것도 없이 부사장이나 고위경영진과 60분이 넘는 통화를 하고 싶지 않았다. 그건 사업을 제대로 진행하는 방식이 아니기 때문이다. 그래서 그녀는 더욱 자율적인 대화 할당량을 설정했고 이를 팀원들이 각자 해석하게 했다. 나는 몇몇 팀원들에게 고객과의 대화에 대해 질문했다.

"거래처 경영진과의 전화 통화가 중요합니까?"

"당연히 중요하죠."

"이메일은 어떻습니까?"

"당연하죠. 우리는 그런 것들을 전화 통화와 같은 것으로 간주합니다. 때로는 더 많이 하죠."

"만약 그들이 당신에게 이메일 회신을 하면요?"

"그건 두 번째 대화가 되겠죠."

그런데 모든 사람이 그 숫자들을 있는 그대로 받아들였기 때문에 고객과의 대화 지표는 실패했고 전략도 무너졌다. 운영 팀은 칭찬과 승진 세례를 받자마자 곧바로 해고될 지경에 이르렀다. 영업 팀원들은 보너스를 받는 기회를 놓치고 싶었을까? 아니었다. 결국 거래처 경영진은 알맹이 없는 이야기만 수없이 들어야 했다.

지표는 중요하다. 좋은 지표를 설정할 때 최고의 고객을 설정하고 비슷한 고객을 더 많이 찾아낼 수 있다. 이 내용은 우리가 지금까지 다뤘던 내용이다. 그런데 또 하나의 단순한 진리가 있다. 어떤 지표도 적절한 인센티브로 조작될 수 있으며 실제로 그렇게 된다는 점이다.

예전에 나는 출판업과 소매유통업을 동시에 하던 회사에서 워크숍 훈련을 진행한 적이 있었다. 우리는 참가자들을 여러 개의 소집단으로 나눈 다음 각각의 기존 대시보드에서 핵심성과지표 하나를 할당했다. 6라운드에 걸쳐 각 팀은 자기의 지표를 개선할 접근법을 제시하는 경쟁을 펼쳤다. 우승자들이 받을 상은 휴가 하루 추가라는, 작지 않은 선물이었다. 이 상 덕분에 사람들의 열정이 깨어났다. 그렇지 않았더라면 그들에겐 끝없이 이어지는 전망 발표문 및 스톡 사진으로 가득했을 하루였을 것이다.

첫 번째 라운드의 과제는 단순했다. 각 팀은 기존의 계획을 다양하게 변용해서 제시했으며 중요한 항목에는 앞부분에 별표를 붙였다.

"우리는 사용자에게 탁월한 사고 리더십thought leadership과

통찰을 제공함으로써 광고의 노출 빈도를 늘릴 것입니다."

3라운드를 거쳐 4라운드로 이어지자 경쟁은 점점 더 흥미진진하게 전개되었다. 모든 팀이 전력을 다했다.

"우리는 각각의 웹페이지에 게재되는 광고 위치의 수를 두 배로 늘려 광고 노출 빈도를 두 배로 늘리려고 합니다."

이에 다른 팀들, 특히 그런 조치가 빚어낼 결과를 예상하는 팀들은 고개를 저었다. 클릭률이 낮아질 것이다, 광고주의 가치가 희석될 것이다 등 비판적인 지적이 이어졌다. 그것은 우리가 승패의 기준으로 삼는 지표가 아니었다. 그들의 지표는 광고의 노출 빈도였고, 그들은 거기에서 모든 게 시작된다고 봤다. 또 다른 팀은 이렇게 발표했다.

"우리는 배송 정보와 청구 정보를 두 개의 웹페이지로 나누었습니다. 아, 그리고 우리가 매장의 검색엔진을 더는 사용할 수 없게 만들면 사람들은 원하는 제품을 알아보려고 더 많은 페이지를 클릭할 것입니다."

심지어 회사의 목을 졸라 죽이려는 엔지니어도 있었다.

"우리는 서버 용량을 줄일 겁니다. 그래서 웹페이지가 열리기까지 한참 기다리게 만드는 겁니다. 그렇지만 이것 자체는 문제가 되지 않습니다. 그럴수록 사람들이 우리 사이트에 머무는 시간은 그만큼 늘어나는 셈이니까요."

아웃소싱 전문가는 이렇게 말했다.

"동유럽에서 소셜미디어 팔로워 50만 명을 삽시다. 수백 달러밖에 되지 않는 비용을 들여 지금까지 우리가 했던 홍보 캠페인 중 수익률이 가장 높은 캠페인을 만들 수 있습니다."

이것은 그 자리에서 가장 험악한 분노를 불러일으킨 발언이었다. 나는 분위기를 가라앉히려고 질문을 던졌다.

"당신은 오늘날 소셜미디어 트래픽의 품질을 어떻게 평가합니까?"

그는 아무 말도 못 했다. 그 자리에 있는 누구도 나서는 사람이 없었다.

반복되지 않는 지표는 의미 없다

이 워크숍이 일러주는 교훈은 누구도 깨뜨릴 수 없는 지표를 만들어야 한다는 것이 아니다. 당신이 마련한 지표가 고의든 아니든 간에 뭔가로부터 영향을 받지는 않을지 신중하게 살펴야 한다는 것이다. 어떤 지표를 흔드는 요소들을 정확하게 이해하고 그 결과까지도 이해해야 한다. 이렇게 하지 않으면 결국 당신은 곤경에 빠진다.

아무도 조작할 수 없는 완벽한 지표를 구한다는 건 거의 불가능하다. 수익이 은행에 맡겨둔 현금일 수 있지만, 싸구려 속임수를 써서 이 수치를 조작하는 회사들이 수두룩하다. 설령 당신 회사의 수장이 회사 사이트에 새로운 광고들을 터무니없이 배치한다거나 저렴한 팔로워를 돈으로 사거나 하지 않을지라도 사용자 인터페이스UI 광고 배치를 분할하는 팀들이 있을 수 있다. 또한 협력 업체가 제공하는 트래픽의 품질을 철저하게 조사하지 않는 소셜미디어 팀이 있을 수 있다.

많은 기업이 결과적으로 잘못된 행동을 장려하게 되는 이유 하나는 실적이 부진한 지표에만 매달려 이것을 밀어 올리려고 하기 때문이다. 실적이 좋을 때는 이사회 회의실에 들어가서 질문보다 칭찬을 훨씬 더 많이 받지만, 실적이 나쁠 때는 쏟아질 질문에 대비해 온갖 말과 자료로 무장해야 한다. 과연 이것이 성공하는 기업의 모습일까?

최고의 기업에서는 실적이 좋을 때나 나쁠 때나 똑같은 엄정함으로 과정과 결과를 바라본다. 즉 좋은 실적을 기록했지만 다음 분기에도 똑같은 전략으로 그와 같은 실적을 보장할 수 있다고 설명하지 못하면 성과를 인정받지 못한다. 또 어떤 부문에서 압도적으로 좋은 실적을 올렸지만 그렇지 못한 다른 부문 동료들에게 전략을 가르쳐줄 수 없다면 아무리 성과를 거두었다고 해도 무용지물이다. 이런 기업의 메시지는 명확하다. 구체적인 방법은 지표만큼이나 중요하다. 사람들은 이해할수 없거나 다음 분기에 반복되지 않는 지표는 받아들이지 않으며, 사실은 그래야 옳다.

레드 팀을 배치한다

지표와 지표의 의미를 파악하는 접근법에는 여러 가지가있다. 그중 고려해야 할 것으로 CIA에서 차용한 개념인 '레드티밍red teaming'이 있다.[1]

CIA는 어떤 분석을 검토할 때 약점을 찾기 위해 작은 단위의 조직에 검토를 위임한다. 조직의 전략을 점검하고 보완하기 위해 기존의 관점과 전혀 다른 관점에서 바라보게 하는 것이다. 이것이 이른바 '레드 팀'의 목표다. 군사 작전뿐만 아니라 데이터 분석에서도 마찬가지다. 동일한 데이터와 동일한 질문에서 나올 수 있는 전혀 다른 결론을 최대한 활용하자는 취지다. 대부분의 데이터 분석가는 감독자가 원하는 결론이 나오면 좋겠다는 기대감으로 데이터를 분석하고 논문을 쓴다. 그러나 레드 팀은 그와 전혀 다른 관점을 제시한다.

선도적인 기업들은 이런 접근법을 자기 문화에 맞게 응용해왔다. 자기에게 유리한 의사결정을 유도할 수 있는(혹은 자기만의 데이터 사일로에 고립되어 그 너머를 바라보지 못하는) 제품 소유자들에게 전적으로 의존하지 않고, 여러 명의 데이터 분석가로 구성된 다기능 팀cross-functional team에 프로그램에 대한 독자적인 관점을 제시하게 한 다음 이렇게 질문한다.

'무엇이 빠져 있는가? 어디서 일이 잘못될 수 있는가?' 팀은 경영진에게 직접 보고하며 늘 참신하고 독립적인 관점을 가질 수 있도록 몇 달에 한 번씩 교체된다.

만일 이런 팀을 구성할 수 없다면 이런 팀이 할 수 있는 것과 같은 수준으로 솔직한 의견을 제시할 외부 조언자를 찾아야 한다.

이 조언자의 목표는 당신이나 당신의 회사에 무엇을 하라고 지시하는 것이 아니다. 즉 당신을 대신해 의사결정을 내리는 게 아니다. 조언자는 당신이 결정을 내리기 전에, 당신이 몰도바에서 소셜미디어 팔로워 50만 명을 사들이는 실수를 저지르지 않도록, 전혀 새로운 관점을 살펴볼 수 있도록 돕는 것이 목표다.

이런 프로세스를 도입하면 프로젝트 발주자의 투명성이 향상된다는 두 번째 이점을 실현할 수 있다. 만일 어떤 팀이 당신의 아이디어를 반박하는 논리를 제시한다면 당신은 정면으로 맞서야 한다. 그렇지 않으면 당신이 고의로 중요한 점을 간과했거나 애초에 멍청하게도 그런 사실조차 깨닫지 못한 것처럼 보일 수 있기 때문이다.

다른 면을 바라보라

한 실험에서 29개 팀에게 똑같은 데이터를 제시하고 똑같은 질문을 했다.

'축구 경기장의 심판들은 백인 선수보다 흑인 선수에게 레드카드를 더 많이 주는 경향이 있는가?'

심리학회지에 발표된 연구논문에서 이 실험의 연구진은 29개 팀이 21가지의 제각기 다른 분석법을 가지고 질문에 접근했다고 썼다.[2] 그리고 분석 결과 20개 집단이 통계적으로 유의미한 편견의 증거가 있다면서 그 질문에 '네'라고 대답했지만 9개 팀은 '아니요'라고 대답했다. 이 결과에 대해 연구진은 다음과 같이 적었다.

"이 연구에서 밝히는 내용은 복잡한 데이터를 분석한 결과에서는 반드시 상당한 편차가 나타날 수밖에 없음을 시사한다. 설령 아무리 정직한 의도로 접근한 전문가들이라고 하더라도 이런 위험을 피하기 어렵다."

그리고 그들은 어쩌면 다른 연구자들이 그 문제를 연구하는 게 유리할 수 있다고 결론을 내렸다. 결과 및 그 결과를 바탕으로 내린 의사결정에 영향을 미치는, 주관적이고 분석적인 선택을 중심으로 살피는 것이 도움이 되리라는 게 이유였다.

데이터를 온전하게 활용하려면 숫자들을 판단하는 것 이상의 작업이 필요하다. 지표를 계산하는 방법, 지표를 의미 있게 통제하는 방법을 확실하게 이해해야 한다. 그렇지 않으면 잘못된 결과를 받아들게 된다. 그러니 우스꽝스러운 것이든, 진지한 것이든 상관없이 온갖 프로세스들로 무장하라. 이렇게 할 때 당신이 받아 드는 결과는 더욱 투명해지고 성과도 기대할 수 있을 것이다.

Chapter 19

누구와 함께 일할 것인가

어떤 사람들은 프로젝트를 성공적으로 완수하지만 어떤 사람들은 손을 대는 프로젝트마다 말아먹는다. 만일 이 두 부류를 구분할 수만 있다면 어떨까? 아마도 그런 능력은 경력에 엄청난 도움이 될 것이다. 그러면 기업계의 어두운 기술을 구사하는 사람들의 이야기부터 시작해보자. 이런 사람들은 최대한 피하는 게 상책이다. 하지만 그러기가 사실은 불가능하므로 그들을 제대로 관리하는 법을 배워야 한다. 첫 번째 단계는 그들의 본모습을 있는 그대로 파악하는 것이다.

팀워크를 해치는 사람들

늘 자신이 옳다고 믿는 사람들

효율성 전문가efficiency expert가 하는 말은 딱 두 가지다. 하나는 "다음에 내 손에 들어올 1달러를 어디에 투자해야 할지 알고 싶다"이다. 그들은 늘 '1달러'라는 말을 쓰는데, 정말 이상하다. 내 생각엔 그 정도로 정밀해지고 싶다는 뜻이 아닐까 싶다. 그들은 어떤 일을 하든 그 일을 완수할 전제 조건으로 엄격한 책임감을 꼽는다.

다른 하나는 마케팅의 개척자이자 기업가였던 존 워너메이커John Wanamaker가 했던 말로, "광고에 지출하는 비용의 절반은 낭비되는데, 문제는 그 절반들 가운데 어느 쪽을 낭비하는지 내가 모른다는 점이다."[1] 효율성 전문가가 프레젠테이션을 할 때면 이 인용구는 늘 두 번째 슬라이드에 들어간다. 효율성 전문가는 해답을 원하거나 적어도 다른 사람을 괴롭히는 것을 즐긴다.

자기가 늘 옳다고 생각하는 그들은 어떤 마케팅 조직이든 조직이 굴러가는 속도를 줄여놓는다. 왜냐하면 그들은 마케팅 투자의 정확한 수익률을 측정해야 한다는 책임감에 얽매이기 때문이다. 상당히 긍정적으로 보일 수도 있다. 책임감이 있어야 한다는 말에 누가 이의를 제기하겠는가. 그러나 돈이 어디로 새는지 그토록 추궁하는 건 새로운 투자에 대한 기준을 높일 뿐이다. 새로운 아이디어로 실험하는 것은 매우 비효율적인 과정일 수 있기 때문이다. 적어도 처음에는 배워야 할 게 너무도 많아서 그렇다. 그래서 효율성 전문가는 비용을 낭비하기보다는 아예 비용 지출을 하지 않는다.

바로 이 지점에서 기업은 침체하기 시작한다. 특정한 시점에서 예산 규모가 너무 커지면 효율성을 들먹이기 시작한다. 위험한 일에는 투자하지 않고 안전한 투자만 하며 새로운 전술은 회피한다. 새로운 시도는 아무것도 하지 않는다는 말이다.

효율은 필요하지만 효율성 전문가는 필요 없다. 효율성 전문가에게는 공급망이나 콜센터를 운영하게 하라. 그리고 마케팅 예산의 10퍼센트를 탐색 비용으로 확보해서 효율적이지 않은 곳에 사용하라. 이 예산 지출에 대한 평가는 수익률 차원이 아니라 학습의 결과라는 차원에서 이루어져야 한다. 이것이 당신과 회사가 앞으로 나아가는 데 필요한 열쇠다.

완벽을 맹신하는 사람들

완벽주의자들perfectionists은 모든 프로젝트를 기업 논문으로 대하는 연구 지향적인 부류다. 이들은 회사에 크게 기여하고 싶어 하며 타협 없는 모델과 완벽한 실험 그리고 학술지의 찬사만을 기준으로 자신의 성공 여부를 판단한다. 물론 뛰어나긴 하다. 하지만 기업은 대부분 성장과 번영에 필요한 환경을 구축하려고 하기 때문에 이들의 한계점이 드러난다. 이들은 완벽한 해답에 집착하지만, 디지털 지표라는 혼란스럽기 짝이 없는 세상은 절대 완벽하지 않다.

이들은 다른 사람들에게 늘 문제를 제기한다. 그래서 사람들은 이들을 다른 팀이 아니라 자기 팀에 두고자 한다. 이들은 일반적인 기준을 높인다. 데이터 측정 문제에서, 실무자들로만 구성된 팀이 흔히 간과하곤 하는 엄격한 규율과 세부 사항을 요구한다. 문제는 회사가 한 단계 더 나아가려면 어느 정도 위험을 감수할 수밖에 없다는 데 있다. 적절한 구조가 마련되어 있지 않을 때 완벽주의자는 장애물이 된다. 시장은 한 주 단위로 바쁘게 돌아가는데 완벽주의자는 몇 년씩 걸려서 문제를 연구한다.

이런 사람들을 고용할 때는 명심해야 할 점이 있다. 이들에게 할당하는 업무와 그 업무 수행에 담긴 메시지를 목적의식적으로 규정해줘야 한다. 어떤 문제를 완벽하게 연구할 때 발생하는 기회비용을 강조하고, 어떤 의사결정이든 되돌릴 수 있음을 강조해야 한다. 위험을 감수하는 것이 실수가 아니라 의도한 것이며, 반드시 해야만 한다는 걸 명확하게 인식시켜라. 그들의 장점인 세심한 주의가 요구되는 프로젝트(예산 규모가 큰 프로젝트나 쉽게 되돌릴 수 없는 경영 의사결정 등)를 찾아서 맡기되, 규모가 큰 조직이 살아남으려면 어쩔 수 없이 신속하게 움직여야 한다는 현실적인 필요성을 분명하게 주지시켜야한다.

그런데 실은 더 중요한 게 있다. 바로 이 모든 것에 대해 당신이 생각하는 근거를 이들과 공유해야 한다는 점이다. 경영과 관련해 긴박하게 빚어지는 불완전한 의사결정들은 이들도 얼마든지 받아들인다. 그러나 임의적인 기한이나 당신 마음대로 정한 무계획적인 선택은 절대로 받아들이지 않을 것이다.

자신감이 낮은 불안정한 사람들

지금까지 말한 내용 대부분이 데이터를 사용해 고객 관계를 예측하는 문제, 즉 미래를 내다보고 질문을 하는 것이었다. '이런 특별한 관계를 시간을 들여서 따져볼 가치가 있을까?' '그 사람들이 우리에게 많은 돈을 쏠까?' '그 사람들이 떠나버리지는 않을까?'

그런데 어떤 대가를 치르더라도 고객을 유지하려고 필사적으로 노력한다면 이 예측들은 아무런 의미가 없다. 대체로 자신감이 낮은 불안정한 사람들the insecure은 가치가 높은 고객을 붙잡아두려고 많은 돈을 쓴다. 여기까지는 아무런 문제가 없지만 그다음부터가 문제다. 이들은 그 고객이 다른 곳으로 가버릴까 무서워서 계속 투자한다. 그 고객이 가치가 높은 이유는 예측 모델이 그렇게 예측했기 때문이다. 따라서 가치가 높은 고객에게 계속해서 돈을 쓰는 것은 오히려 가치를 떨어뜨릴 뿐이다. 쓸데없는 곳에 돈을 뿌려댈 이유는 없다.

이들은 예측 모델이 어떤 고객 관계가 가치가 낮다고 예측하면 그 고객을 붙잡아두기 위해 지출을 늘려야 한다고 말한다. 또 어떤 고객이 다른 곳으로 가버렸다고 하면 그 고객을 되찾아와야 한다고 말한다. 이들을 가만히 내버려두면 안 된다. 이들은 당신이 확보할 수 있는 이익을 엉뚱한 곳에 낭비하고 고객생애가치 같은 기법들이 잘못된 전략이라고 당신을 비난할 것이다.

자신감이 낮은 사람들을 관리하는 유일한 방법은 실험이다. 고객층을 두 집단으로 나눈 다음, 한 집단은 그냥 두고 다른 집단에겐 불안정한 사람들이 개입하게 하는 것이다. 그런 다음에 이 사람들이 개입한 집단이 통제 집단보다 더 많은 돈을 썼는지 확인하자. 그 고객들이 정말 더 오래 회사의 고객으로 머물렀는지, 과연 노력을 더 들일 가치가 있었는지 확인하고 그 결과를 불안정한 사람들에게 보여주어라. 그들이 실험의 결과를 확인하고 자신이 잘못 생각했음을 반드시 인정하게 해야 한다.

최고의 성과를 내는 사람들

스토리텔러들

이 사람들이 가진 재능은 드문 것이다. 이들을 발굴하고, 개발하고, 소중하게 대하라. 스토리텔러the stoytellers는 사람들을 설득하는 데 능수능란하며 데이터 분석가들이 신뢰하는 지침인 데이터 분석 모델을 충분히 존중할 줄 안다. 또한 조직 내 다른 사람들에게 기회를 전달하는 방법을 제대로 이해한다.

스토리텔러는 재무, 영업, 마케팅, 제품개발 등에서 자기만의 방식으로 동료와 협력하는 방법을 알고 있으며 여기서 스스로 기회를 포착한다. 이들은 여론을 형성하고 열정을 조성한다. 이들 가운데 최고의 인재는 회사의 메시지를 널리 퍼트릴 새로운 전도사들을 만들어낸다.

그런데 너무도 많은 팀이 스토리텔링의 필요성을 간과한다. 자기 팀에 스토리텔러를 확보하려 하지 않고 분석 작업에 필요한 수학 실력을 갖춘 사람을 더 많이 확보하려 한다. 클라우드 인프라 관련 작업을 할 때는 수학에 능한 사람이 적합하지만 영업팀이 고객 관계에 신경 쓰도록 설득하는 일에는 적합하지 않다.

사람과 사람 사이에 다리를 놓을 수 있는 사람, 당신이 만들고 있는 장기적인 가치 모델을 CFO에게 설명할 수 있는 사람, 가치가 높은 고객에게 다가가려면 반드시 먼저 준비해야 할 사항들을 놓고 운영팀과 협의할 수 있는 사람, 이런 사람이 필요하다. 또한 당신이 발견한 통찰을 매우 설득력 있게 설명해서 상대방을 쉽게 이해시킬 수 있는 사람이 필요하다.

일을 만들어내는 사람들

조직의 발전은 조직원들이 새로운 방향에 합의하도록 하는 것 같은 어려운 일이 아니라 모든 사람을 회의에 참석시키는 것 같은 단순한 장애물 때문에 중단될 수 있다. 단기적이고 실행 가능한 성공에 초점을 맞추고 스토리텔러들을 확보하는 건 물론 팀에 도움이 된다. 하지만 여러 분야에 걸쳐 박학다식한 특별한 인물, 즉 기업가the entrepreneur를 확보하는 것도 팀에 큰 도움이 된다.

기업가라고 해서 경영 계획을 작성하거나 투자 자금을 조달한 적이 있는 사람을 말하는 게 아니다. 소규모 팀에서 인프라를 구축하고 마케팅을 배치해본 사람, 랜딩 페이지를 만들거나 테스트를 진행해본 사람, 이 모든 일을 빡빡한 일정 속에서 남의 도움을 거의 받지 않고 해낸 사람이다. 비록 이들이 대기업에서 기대하는 수준까지 해내지는 못하겠지만 그건 중요하지 않다. 이들은 촉매 역할을 한다. 그야말로 살아 있는 효소들이다. 이들은 오로지 뭔가를 달성하려고 애쓰는 팀에 새롭고 역동적인 흐름을 선사해 현재 진행되고 있는 일들을 계속 진전시킬 것이다.

배우며 성장하는 사람들

우리는 거인의 어깨 위에 올라서 있기에 훨씬 더 먼 곳까지 바라볼 수 있다. 고객 분석이라는 분야는 펜실베이니아대학교 와튼스쿨의 피터 페이더Peter Fader와 런던정경대학교의 브루스 하디Bruce Hardie, 에모리대학교의 대니얼 매카시Daniel McCarthy를 비롯해 학계의 거물급 인사들이 개척해서 쌓아 올린 영역이다. 다음 세대의 혁신은 당연히 이런 거인들의 가르침을 받은 학생들에게서 나온다. 생애가치라는 케이크를 구울 수 있으며 식재료와 양념, 여러 가지 방법론들 그리고 이런 것들을 새롭게 응용하는 방법을 발견할 수 있는 세대가 주도할 혁신을 한번 기대해보자.

그런 학생들, 특히 와튼스쿨에서 페이더 교수의 악명 높은 MKTG(마케팅) 476 같은 강좌를 들은 학생들을 고용하는 데 주저하지 말자. 또한 그들을 가르친 교수들은 자신의 강의를 다양한 온라인 플랫폼에 올려놓는다. 선택지는 분명하다. 그런 학생들을 찾아내거나 강좌를 듣고 스스로 학생이 되는 것이다 (나는 내 웹사이트에 현재 진행하는 강의와 강좌 목록을 꾸준하게 게시한다. 참고하길 바란다).

슈퍼히어로 영화 속에 사는 사람이 아니라면 팀의 역량을 한층 끌어올릴 인간들의 특성을 파악할 필요가 있다. 한편 행동 자체는 해롭지 않더라도 다른 사람들과 잘 어울리지 못하는 사람들이 있다. 이들의 특성을 파악해서 당신에게 맞출 필요가 있다. 팀에 어떤 문제가 있을 때는 새로운 구성원을 무조건 추가하는 방식으로 문제를 해결하지 마라. 좋은 사람 한 명을 데려오든, 잘못된 사람 한 명을 내보내든 엄청난 변화를 초래할 수 있다. 훌륭한 팀을 만드는 것이 쉽다고 말하는 사람은 아무도 없다. 정말로 힘든 일이다. 그러나 힘들어도 해내야만 한다.

결국 이 모든 것은
고객을 만나기 위한 여정이다

마침내 여기까지 왔다. 여기까지 읽었다면 그동안 설명한 내용에 충분히 빠져들었기를 바란다. 맨 먼저 우리는 고객과 나누는 대화에 대해 살펴봤다. 대화를 통해 고객의 니즈를 이해하고 고객을 마케팅 활동에 참여시키는 방법에 대해 알아봤다. 이것이 우리 여정의 시작이었다. 그리고 우리는 고객과의 관계 및 가치가 높은 고객을 파악하는 방법, 자기를 개선하는 방법, 기꺼이 탐구에 나서며 위험을 감수하는 기업 문화를 만드는 방법을 살펴봤다.

지금까지 내가 디지털 마케팅 분야에서 일하며 깨달은 내용을 이렇게 알려주는 목적은 이 책에서 제시한 질문보다 더 많은 질문을 할 수 있도록 자극하고 격려하기 위함이다. 왜냐하면 이것이야말로 우리가 걸어가는 여정의 그다음 단계이기 때문이다. 이제 비로소 우리는 그 단계에 접어들었다.

나의 첫 컨설팅 의뢰인에게 이 가르침을 제시할 때 나는 모든 열성을 다했다. 그 회사의 주요 임원들을 모아놓고 다음 표와 같이 가치가 가장 높은 고객부터 가치가 가장 낮은 고객까지 세밀하게 나누고 분석했다. 프레젠테이션에서 내가 제시하는 첫 번째 슬라이드가 어떤 모습일지는 당신도 앞에서 봤으니까 기억할 것이다.

그때 나는 이 방법론을 설명했으며 그 계산의 이면에 놓인 동료 평가 과정을 거친 연구를 설명했다. 그 회사에서 가치가 높은 고객들의 특성을 설명했으며 타깃으로 삼아야 할 고객과 피해야 할 고객을 설명했다. 또 자금을 어디에 더 많이 투자해야 할지, 어떻게 투자해야 할지도 설명했다. 이 책에서 지금까지 설명했던 이야기들을 20분짜리 프레젠테이션에 압축해서 숨이 가쁘도록 설명했다.

내가 한 설명은 너무도 명백했고 설득력이 넘쳤다. 적어도 나는 그렇게 생각했다. 그런데 그 회사의 수장이 입을 열어 이렇게 말했다.

"그러니까, 당신 모델이 설명하기로는 지금 당장 우리가 고객에게 돈을 더 많이 투자하고, 그런 다음 고객 관계에 어떤

고객을 세분한 고객생애가치 분석 데이터

세분 고객 집단	1인당 평균 가치	총 가치	매출점유율
1	3,200달러	283,200,000달러	81%
2	350달러	30,975,000달러	9%
3	200달러	17,700,000달러	5%
4	120달러	10,620,000달러	3%
5	80달러	7,080,000달러	2%

결실이 나타나는지 보려면 몇 개월을 기다려야 한다는 거잖아요? 그렇지만 우리는 마케팅팀이든 어디든 간에 그렇게 무책임하게 지출하도록 허락하지 않습니다. 오늘 당장 눈에 보이는 성과를 위해서만 비용을 지출합니다. 고객은 오늘 구매할 수도 있고, 구매하지 않을 수도 있습니다. 이것 말고 고려할 사항이 또 뭐가 있겠습니까?"

타자석에 섰던 나로서는 전혀 예상치 못했던 커브볼이었다. 그날 나는 중요한 교훈을 얻었다. 사람들에게 해답을 그냥 알려주는 것보다 스스로 질문을 찾도록 돕는 것이 훨씬 더 낫다는 교훈이었다. 호기심과 경이로움은 맹신보다 조직을 더 먼 곳까지 끌어준다. 설령 맹신의 증거가 아무리 설득력 있다고 해도 말이다. 이제 나는 그때와 똑같은 슬라이드와 그때보다 훨씬 짧은 설명으로 컨설팅 고객에게 설명을 시작한다.

"귀사의 고객이 귀사의 상품을 소비할 것으로 예상되는 방식은 다음과 같습니다. 현재 상황을 보면 귀사는 모든 고객에게 동일한 방식으로 마케팅 비용을 지출하며 같은 메시지를 전달하고 있습니다."

여기서 나는 설명을 중단하고 질문을 받는다. 그러면 사람들은 온갖 질문들을 자유롭게 한다.

"당신은 그 수치들에 대해 어느 정도로 확신합니까?"

"최고의 우량 고객을 더 많이 확보하기 위해 우리가 할 수 있는 일은 무엇입니까?"

"비용만 잡아먹고 매출에는 도움이 되지 않는 고객을 불러들인 것은 누구의 책임입니까?"

"전체 구매 내역 대부분을 우리 회사에서 사들이는 단골 고객에게 굳이 마케팅 비용을 추가로 지출하지 말아야 하는 이유가 무엇입니까?"

뭐, 이런 질문들이 쏟아진다. 이렇게 해서 그 방에 있는 사람들은 당신이 이 책을 통해 걸어왔던 바로 그 길을 스스로 걸어간다. 그리고 그들만의 이해와 통찰을 쌓아나간다. 결과적으로 그들은 아이디어를 만들어내고 필요한 프로세스를 밟는다.

이런 방식만이 그들이 성공하기 위해 꼭 필요한 변혁에 힘이 되어줄 수 있다.

나는 당신이 지금 당장 이 책을 내려놓고 단상에 올라가서 "우리가 가야 할 방향은 바로 이것입니다!"라고 외치길 바라지 않는다. 지금 당신이 할 일은 팀원들이 고객 관계에 호기심을 갖고 아이디어를 내놓을 수 있도록 가르치고 배려하는 것이다. 당신의 회사 혹은 당신의 업계에 있는 사람들을 도와서 함께 성장하라.

이것이 바로 뛰어난 성과를 내는 방법이다. 이렇게 한다면 탁월한 결과뿐만 아니라 위대한 비전까지 제시할 수 있는 사람이 될 것이다. 그 결과 고객이든, 동료든, 투자자든 사람들은 당신과 함께하는 걸 감사해할 것이다.

감사의 말

마크 트래비스에게 고마운 마음을 전한다. 진정한 문학가인 그는 내가 원고를 쓰는 동안 영감과 격려를 아끼지 않았으며 내 생각에 건설적으로 의문을 제기했다. 그의 도발이 없었다면 이 책은 선명한 구조와 목소리와 신념을 담지 못한 채 그저 그런 경영서, 사람들이 읽어볼 가치조차 없는 책이 되고 말았을 것이다.

펭귄랜덤하우스의 편집자들과 카피라이터, 마케팅 및 홍보 담당자들은 내 생각을 세상에 선보일 수 있도록 도와주었다. 특히 노아 슈워츠버그와 킴벌리 메이룬, 마고 스태머스에게 감사의 말을 전하고 싶다. 이들은 내가 난생처음 발을 들여놓은 출판 업계에 꼭 필요한 가이드가 되어주었다.

내 출판 에이전트인 짐 레빈은 그가 평생에 걸쳐 얻은 경험을 나눠 주었으며 중요한 시점에 내게 꼭 필요한 조언을 해 주었다. 정말로 고맙다는 말을 전하고 싶다.

만일 와튼스쿨의 피터 페이더의 연구와 가르침이 없었다면 마케팅 분야에서 내가 쌓은 지식은 그저 빈껍데기에 불과했을 것이다. 고객 분석 분야에 대한 그의 업적에 필적할 사람은 별로 없다. 또한 이 분야를 탐구하는 사람들에게 그가 베푸는 관대함에도 필적할 사람은 없을 것이다.

10년 넘게 함께 일했던 구글의 동료들에게도 고마운 마음을 전한다. 우리가 함께 해낸 일들이 무척 자랑스럽다. 내 경력의 중요한 시점에서 이들이 공유해준 조언과 과제와 가르침에 무한한 고마움을 느낀다. 앨런 모스, 앨릭스 치니엔, 앨런 티게센, 에이프릴 앤더슨, 아비나시 카우시크, 찰리 베스트너, 짐 레신스키, 존 매커티어, 크리스틴 맥그리거, 레이철 지벨만, 테드 사우더, 톰 바틀리, 그 외 사람들에게도 모두 고맙다는 말을 전한다.

물론 앨런 이글, 니콜라 다르보가르노 그리고 많은 사람의 응원이 없었다면 그 무엇도 가능하지 않았을 것이다. 처음에 이 프로젝트를 추진할 수 있도록 자신감을 심어준 사람들이며, 또 내가 했던 이런저런 생각들에 대해 섬세한 피드백을 해주고 끊임없이 격려해준 이들이다. 날마다 함께 작업할 수 있어서 정말 행복했다.

또 이 책이 나오기까지 자기만의 방식으로 작지만 특별한 방식으로 도움을 준 사람들이 있다. 데이비드 쿨리, 프랭크 세스페데스, 마크 다넨베르크, 마이클 로번, 라구 아이엔가, 토니 캄, 새러 노먼에게 고마운 마음을 전한다.

마지막으로, 우리 가족에게 사랑과 감사의 말을 전한다. 가족의 사랑과 인내와 희생이 있기에 내가 존재한다. 내가 했던 이 특별한 모험이 우리 가족에게도 자랑거리가 되면 좋겠다.

Chapter 1

1   Polly W. Wiessner, "Embers of Society: Firelight Talk among the Ju/'hoansi Bushmen," *Proceedings of the National Academy of Sciences* 111, no. 39 (September 2014): 14027–35, DOI: 10.1073/pnas.1404212111.

Chapter 2

1   Keisha M. Cutright and Adriana Samper, "Doing It the Hard Way: How Low Control Drives Preferences for High-Effort Products and Services," *Journal of Consumer Research* 41, no. 3 October 2014): 730–45.

2   Rebecca Lake, "23 Gym Membership Statistics That Will Astound You," Credit Donkey, February 26, 2020, https://www.creditdonkey.com/gym-membership-statistics.html.

3   Scott Edinger, "Why CRM Projects Fail and How to Make Them More Successful," *Harvard Business Review*, December 20, 2018.

4   Navdeep S. Sahni, S. Christian Wheeler, and Pradeep K. Chintagunta, "Personalization in Email Marketing: The Role of Non-Informative Advertising Content" (Stanford University Graduate School of Business Research Paper No.16-14,

October 23, 2016).

Chapter 3

1   John le Carré, *The Honourable Schoolboy* (New York: Penguin Books, 2011. First published 1977 by Alfred A. Knopf), 84.

2   "Email Trends and Benchmarks," Epsilon, Q2 2019.

3   Robert Williams, "Survey: iPhone Owners Spend More, Have Higher Incomes Than Android Users," Mobile Marketer, October 31, 2018.

4   Andreas Eggert, Lena Steinhoff, and Carina Witte, "Gift Purchases as Catalysts for Strengthening Customer-Brand Relationships," *Journal of Marketing* 83, no. 5 (September 2019): 115–32.

5   Rex Yuxing Du, Wagner A. Kamakura, and Carl F. Mela, "Size and Share of Customer Wallet," *Journal of Marketing* 71, no. 2 (April 2007): 94–113.

6   Sterling A. Bone et al., "'Mere Measurement Plus': How Solicitation of Open-Ended Positive Feedback Influences Customer Purchase Behavior," *Journal of Marketing Research* 54, no. 1 (February 2017): 156–70.

7   Utpal M. Dholakia and Vicki G. Morwitz, "The Scope and Persistence of Mere-Measurement Effects: Evidence from a Field Study of Customer Satisfaction Measurement," *Journal of Consumer Research* 29, no. 2 (September 2002): 159–67.

8   *The Big Book of Experimentation*, Optimizely, 2017.

9   Alison Wood Brooks and Leslie K. John, "The Surprising Power of Questions," *Harvard Business Review*, May–June 2018.

Chapter 4

1   "Akamai Online Retail Performance Report: Milliseconds Are Critical," Akamai.com, April 19, 2017.

2   HBR Editors, "Cooks Make Tastier Food When They Can See Their Customers," *Harvard Business Review*, November 2014.

3   Ryan W. Buell and Michael I. Norton, "The Labor Illusion: How Operational Transparency Increases Perceived Value," *Management Science* 57, no. 9 (September 2011): 1564–79.

4 Robert D. Cialdini, *Influence: The Psychology of Persuasion*, rev. ed. (New York: Harper Business, 2006).

5 Amos Tversky and Daniel Kahneman, "Advances in Prospect Theory: Cumulative Representation of Uncertainty," *Journal of Risk and Uncertainty* 5 (1992): 297–323.

6 Ophir Harpaz (@OphirHarpaz), "Ok this is really funny, check this out. I was in the process of booking a flight via @OneTravel. Trying to make me book ASAP, they claimed," Twitter, October 16, 2019, https://mobile.twitter.com/ophirharpaz/status/1184486445039411201.

7 Cialdini, *Influence*.

8 Todd Patton, "How Are Consumers Influenced by Referral Marketing?" getambassador.com, 2016.

9 Margaret Shih, Todd L. Pittinsky, and Nalini Ambady, "Stereotype Susceptibility: Identity Salience and Shifts in Quantitative Performance," *Psychological Science* 10, no. 1 (January 1999): 80–83.

Chapter 5

1 IHL Group, "Retailers and the Ghost Economy: $1.75 Trillion Reasons to Be Afraid" (research report, 2015).

2 Prabuddha De, Yu (Jeffrey) Hu, and Mohammad Saifur Rahman, "Product-Oriented Web Technologies and Product Returns: An Exploratory Study," *Information Systems Research* 24, no. 2 (December 2013): 998–1010.

Chapter 7

1 Amy Gallo, "The Value of Keeping the Right Customers," *Harvard Business Review*, October 29, 2014, https://hbr.org/2014/10/the-value-of-keeping-the-right-customers.

Chapter 8

1 Pavel Jasek et al., "Modeling and Application of Customer Lifetime Value in Online Retail," *Informatics* 5, no. 1 (2018): 2; and Shao-Ming Xie and Chun-Yao Huang,

"Systematic Comparisons of Customer Base Prediction Accuracy: Pareto/NBD Versus Neural Network," *Asia Pacific Journal of Marketing and Logistics* 33, no. 2 (May 2020).

2   여기에 정말로 관심을 가진 사람에게 살짝 일러주자면, 우리의 접근법은 펜실베이니아대학교 와튼스쿨의 피터 페이더(Peter Fader) 교수와 런던정경대학교의 브루스 하디(Bruce Hardie) 교수가 대중화한 BG/BB 및 Pareto/NBD 모델을 따랐다.

3   Epic Games, Inc. v. Apple Inc., N.D. Cal., 4:20-cv-05640-YGR, https://app.box.com/s/6b9wmjvr582c95uzma1136exumk6p989/file/811126940599, slide 20.

Chapter 9

1   George Packer, "Cheap Words," *New Yorker*, February 17–24, 2017.

2   Brendan Mathews, "What's a Prime Member Worth to Amazon.com?" *Motley Fool*, February 20, 2018, https://www.fool.com/investing/general/2014/04/21/whats-a-prime-member-worth-to-amazoncom.aspx; and Danny Wong, "How Ecommerce Brands Can Increase Customer Lifetime Value," CM Commerce, March 8, 2017, https://cm-commerce.com/deep-dive/increase-customer-lifetime-value.

3   Tat Y. Chan, Ying Xie, and Chunhua Wu, "Measuring the Lifetime Value of Customers Acquired from Google Search Advertising," *Marketing Science* 30, no. 5 (September–October 2011): 837–50.

4   Oscar Wilde, *The Importance of Being Earnest*, act 2.

Chapter 10

1   Shibo Li, Baohong Sun, and Alan L. Montgomery, "Cross-Selling the Right Product to the Right Customer at the Right Time," *Journal of Marketing Research* 48, no. 4 (August 2011): 683–700.

2   Ian MacKenzie, Chris Meyer, and Steve Noble, "How Retailers Can Keep Up with Consumers," McKinsey & Company, October 1, 2013.

3   Pamela Moy, "Not Just for Newbies: Use Digital to Nurture Your Existing High-Value Customers," Think with Google, June 2017.

4   V. Kumar, Morris George, and Joseph Pancras, "Cross-Buying in Retailing: Drivers

and Consequences," *Journal of Retailing* 84, no. 1 (April 2008): 15–27.

5 Denish Shah and V. Kumar, "The Dark Side of Cross-Selling," *Harvard Business Review*, December 2012.

Chapter 11

1 https://www.sec.gov/Archives/edgar/data/1018724/000119312513151836/d511111 dex991.htm. 이 링크를 타고 들어가면 이 서비스가 처음에 '수요에 관한 아마존 동영상(Amazon Video on Demand)'으로 불렸다는 사실을 알 수 있을 것이다. 그야말로 문자 그대로다!

2 Gary Leff, "How American Airlines Scores Its Customers," *View from the Wing*, November 3, 2018; Jeff Edwards, "American's Top Secret Passenger Ratings May Come to Light," *flyertalk*, November 12, 2019.

3 Arun Gopalakrishnan et al., "Can Non-Tiered Customer Loyalty Programs Be Profitable?" *Marketing Science* 40, no. 3 (March 2021): 508–26, https://doi.org/10.1287/mksc.2020.1268.

Chapter 12

1 David Yanofsky, "Half of American Airlines' Revenue Came from 13% of Its Customers," *Quartz*, October 27, 2015.

2 Addy Dugdale, "Zappos' Best Customers Are Also the Ones Who Return the Most Orders," *Fast Company*, April 13, 2010.

Chapter 15

1 Brody Mullins, "No Free Lunch: New Ethics Rules Vex Capitol Hill," *Wall Street Journal*, January 29, 2007.

2 Britt Peterson, "How a Tiny Splinter of Wood Keeps Congress Clean," *Washingtonian*, March 3, 2016.

Chapter 16

1 Corporate Executive Board, "MREB Customer Focus Survey 2011."

Chapter 17

1 참고로 과거 구글이었던 '알파벳'은 '구글엑스'라는 브랜드 명칭을 그냥 '엑스'
   로 바꾸었다.

2 Peter H. Diamandis, "How to Run Wild Experiments Just Like (Google) X,"
   Singularity Hub, April 28, 2016, https://singularityhub.com/2016/04/28/how-to-
   run-wild-experiments-just-like-google-x/.

3 Jeff Haden, "Amazon Founder Jeff Bezos: This Is How Successful People Make Such
   Smart Decisions," Inc., December 3, 2018.

Chapter 18

1 Micah Zenko, "Inside the CIA Red Cell," *Foreign Policy*, October 30, 2015.

2 R. Silberzahn et al., "Many Analysts, One Data Set: Making Transparent How
   Variations in Analytic Choices Affect Results," *Advances in Methods and Practices in
   Psychological Science* 1, no. 3 (September 2018): 337–56.

Chapter 19

1 이 인용문은 데이비드 오길비(David Ogilvy)가 1963년에 출간한 《어느 광고인
   의 고백(Confessions of an Advertising Man)》(pp. 86~87)을 비롯해 많은 문헌에
   서 워너메이커가 했다는 말로 인용하고 있다. 많은 연구자가 워너메이커가 정말
   이 말을 했다는 증거를 찾으려고 노력하고 있지만, 어떤 연구자들은 이 말을 한
   사람이 사실은 레버흄 경(Lord Leverhulme)이라고 주장한다. 다시 말해 그 어떤
   추정도 확실한 증거가 없다는 말이다. 그러나 이것이 훌륭한 인용구임에는 분명
   하다. 누군가가 이 말을 누구보다 먼저 했을 것이다.

컨버티드

마음을 훔치는 데이터분석의 기술

초판 1쇄 발행 · 2022년 6월 24일
초판 4쇄 발행 · 2024년 2월 29일

지은이 · 닐 호인
옮긴이 · 이경식
발행인 · 이종원
발행처 · (주) 도서출판 길벗
브랜드 · 더퀘스트
주소 · 서울시 마포구 월드컵로 10길 56 (서교동)
대표전화 · 02) 332-0931 | **팩스** · 02) 322-0586
출판사 등록일 · 1990년 12월 24일
홈페이지 · www.gilbut.co.kr | **이메일** · gilbut@gilbut.co.kr

기획 및 편집 · 유예진, 송은경, 오수영 | **제작** · 이준호, 손일순, 이진혁
마케팅팀 · 정경원, 김진영, 김선영, 최명주, 이지현, 류효정
유통혁신팀 · 한준희 | **영업관리** · 김명자 | **독자지원** · 윤정아

디자인 · studio forb | **교정** · 김순영
CTP 출력 및 인쇄 · 예림인쇄 | **제본** · 예림바인딩

• 더퀘스트는 (주)도서출판 길벗의 인문교양·비즈니스 단행본 브랜드입니다.
• 이 책은 저작권법에 따라 보호받는 저작물이므로 무단전재와 무단복제를 금합니다. 이 책의 전부 또는 일부를 이용하려면
  반드시 사전에 저작권자와 (주)도서출판 길벗(더퀘스트)의 서면 동의를 받아야 합니다.
• 잘못 만든 책은 구입한 서점에서 바꿔 드립니다.

ISBN 979-11-407-0021-9 03320
(길벗 도서번호 090192)

정가 17,800원

독자의 1초까지 아껴주는 길벗출판사

(주)도서출판 길벗 IT교육서, IT단행본, 경제경영, 교양, 성인어학, 자녀교육, 취미실용 www.gilbut.co.kr
길벗스쿨 국어학습, 수학학습, 어린이교양, 주니어 어학학습, 학습단행본 www.gilbutschool.co.kr